T0282154

# El camino directo hacia la sanación

Doctor Eric Pearl
y Jillian Fleer

# El camino directo
# hacia la sanación

*Una trinidad de energía, luz e infomación*

EDICIONES OBELISCO

Si este libro le ha interesado y desea que le mantengamos informado de nuestras publicaciones,
escríbanos indicándonos qué temas son de su interés (Astrología, Autoayuda, Ciencias Ocultas,
Artes Marciales, Naturismo, Espiritualidad, Tradición…) y gustosamente le complaceremos.

Puede consultar nuestro catálogo en www.edicionesobelisco.com

**Colección Espiritualidad y Vida interior**
EL CAMINO DIRECTO HACIA LA SANACIÓN
*Doctor Eric Pearl y Jillian Fleer*

1.ª edición: noviembre de 2023

Título original: *The Direct Path to Healing.*
*A Trinity of Energy, Light of Information.*

Traducción: *David George*
Corrección: *Elena Morilla*
Revisión de texto: *Rafael Coriat*
Diseño de cubierta: *Enrique Iborra*

© 2022, Eric Pearl y Jillian Fleer
Título publicado por acuerdo con Waterside Productions, Inc.,
a través de International Editors&Yáñez Co'S.L.
(Reservados todos los derechos)
© 2023, Ediciones Obelisco, S. L.
(Reservados los derechos para la presente edición)

Edita: Ediciones Obelisco, S. L.
Collita, 23-25. Pol. Ind. Molí de la Bastida
08191 Rubí - Barcelona - España
Tel. 93 309 85 25
E-mail: info@edicionesobelisco.com

ISBN: 978-84-1172-055-7
DL B 18.479-2023

Impreso en los talleres gráficos de Romanyà/Valls S. A.
Verdaguer, 1 - 08786 Capellades - Barcelona

*Printed in Spain*

*En memoria de nuestros padres,*
*Harold y Lois Pearl,*
*y Jerry y Sheila Kalish,*
*que están sonriendo, riendo y amando nuestra colaboración.*

*En memoria de nuestra querida «Mama» Pat Atanas.*

*A todos aquéllos en este planeta que viven en la conexión con*
*su campo de energía y el reconocimiento de la Energía,*
*la Luz y la Información* (Energy, Light & Information®)
*que han escogido hacer que el mundo esté preparado,*
*en lugar de esperar a que el mundo se prepare.*

*«Cuando dices que no sabes por dónde empezar, ya has empezado.»*

RUPERT SPIRA

# AGRADECIMIENTOS

A Dios / el Amor / lo Infinito


A Rafael Coriat por su valiosa contribución
a la traducción de este libro.

# PREFACIO

En 2001 se publicó un libro titulado *La Reconexión: Sana a otros; sánate a ti mismo*, escrito por el Dr. Eric Pearl, y que registra el descubrimiento de la Sanación Reconectiva. Se convirtió rápidamente, y sigue siendo un superventas internacional en su campo. Se tradujo a cuarenta idiomas. No sólo habla del emocionante descubrimiento sin precedentes de la Sanación Reconectiva, sino de lo que llevó a ella, en qué consiste y algunos aspectos básicos sobre cómo facilitarla para ti y para los demás. Explica la Sanación Reconectiva tan claramente como se conocía en esa época. Es honesto, certero y persuasivo en su simplicidad, y hace que la Sanación Reconectiva sea muy accesible en cuanto a su filosofía básica y sus sencillas indicaciones.

La verdad no cambia. Nuestra capacidad para comunicarnos y transmitir es, no obstante, otra historia.

Ahora ha llegado el momento de explicar la Sanación Reconectiva (de explicar la Sanación *en sí misma*) y hacer que sea todavía más accesible, de una nueva manera, de una forma más apropiada para el mundo actual, incluyendo nuestra creciente comprensión del Universo y nuestro reconocimiento de que todos somos representaciones individuales de una Conciencia, de *El Que Es*, independientemente del nombre con el que cualquiera de nosotros decida llamarlo.

# INTRODUCCIÓN

*Nada en este libro (ni en ningún otro libro) es la respuesta.*
*Tú eres la respuesta.*

Un nuevo aspecto del conocimiento, de acuerdo con la física cuántica, es que por mucho que el Universo parezca expandirse externamente también parece expandirse internamente. Cuanto más hacia adentro nos permite ir la ciencia, más vemos que, a un nivel cuántico, lo que hay es, principalmente, aquéllo a lo que la ciencia le gusta referirse como un espacio vacuo: un aparente vacío de la nada. Al mismo tiempo, todo en el Universo que ha sido en algún momento y que será, está contenido en este espacio y está conectado mediante un campo que está más allá del espacio y el tiempo. Ese espacio es la consciencia y la conciencia, pese a que no siempre es en la forma en la que *pensamos* en la consciencia y la conciencia.

Es esta fuerza (o *campo de fuerza de la percepción*) la que engendra la vida y la conciencia, mantiene nuestro cuerpo unido en cuanto a la forma y la materia, y proporciona estructura a los sistemas solares, las galaxias, el Universo, el Multiverso y más allá. Es también a través de este campo cómo un aspecto más elevado de nosotros mismos le habla a nuestro Yo Humano. La intención de estos susurros es orientarnos hacia unos niveles más elevados de completitud, expresión y propósito. Podríamos referirnos a esto como un *llamado interior. Nosotros* lo llamamos Energía, Luz e Información experimentándose a sí mismos en forma de cada uno de nosotros en un espacio y tiempo finitos; o una conexión con su campo de energía llamada Experiencia de la Sanación Reconectiva.

Tanto si estamos escuchando como si no, incluso aunque decidamos ignorar los suspiros infinitos, todos recibimos llamados interiores en distintos momentos de nuestra vida. Para algunos se trata de un susurro a lo largo de toda una vida, y para otros es como el estallido de un trueno.

La Sanación Reconectiva es *mi* llamado, y ahora que la enseño junto con Jillian, mi compañera de vida, es *nuestro* llamado. Lo divertido sobre un llamado es que, aunque puedes ser conducido en muchas direcciones y de muchas formas, y aunque puede que a veces sea algo físico, mental y/o emocionalmente agotador, al *responder* al llamado, recibes un tipo distinto de fuerza y energía: un tipo que nace del servicio y del propio amor.

Cuando se te presenta algo de la forma en la que se nos introdujo a la Sanación Reconectiva, te das cuenta de que tu llamado forma parte del proyecto mayor, la misión del cual consiste en abrir paso en nuestro planeta a esta inteligencia: la Inteligencia Infinita. El resultado es hacer evolucionar a la humanidad desde el apego al Conocimiento hacia la vuelta a una *sapiencia* total que precede a todas las experiencias y que emerge en forma de la experiencia de la *luz* humana que SOMOS cada uno de nosotros.

Lo que queremos que sepas es que cuando las frecuencias de la Sanación Reconectiva se volvieron tangibles por primera vez en forma de experiencia, se abrió un portal *literal*. No es tanto un portal *visible*, sino que es, claramente, un portal *literal* en el sentido de que empezó modulándose en esta dimensión de altura, anchura, profundidad y tiempo, y que ahora asimilamos como Energía, Luz e Información˙.

Podía *sentirlo*. Podía *encontrarlo*.

Y *ME* encontró.

Así que, ¿qué *es ESO* y cómo vamos a *explicarlo* en este libro? En primer lugar, nos estamos refiriendo a una inteligencia que es completamente distinta de *cualquier cosa* que pudiéramos haber imaginado en nuestra anterior realidad percibida en tres dimensiones, una realidad que considerábamos que estaba compuesta de altura, anchura y profundidad, la suma de las cuales genera el espacio en el que vive nuestro cuerpo-mente.

Sin embargo, alrededor del año 2000, cuando la ciencia aceptó finalmente lo que Einstein llevaba diciéndonos desde la década de 1950, se reconoció que el tiempo era la Cuarta Dimensión. Con el mero hecho de haberlo *percibido*, hemos salido de nuestra existencia tetradimensional para pasar a lo que hoy en día nos referimos como *multidimensional*. Aunque técnicamente cualquier cosa que vaya más allá de una dimensión es multidimensional, el uso de la palabra «multidimensional» reconoce la transición hacia lo no lineal, y se ha convertido en la designación aceptada (también hay mucho que decir del término *omnidimensional*). También es justo decir que la naturaleza de esta inteligencia es la de traer a la existencia el orden, la coherencia y la completitud: en otras palabras, *ELLO* proporciona orden, coherencia y completitud a los lugares y espacios donde anteriormente existían el desorden, la incoherencia y la división.

*ELLO* opera *en* nosotros,
a nuestro *alrededor*,
*a través de* nosotros
y *en forma de* nosotros.
En vez de nosotros estirarnos hacia *ELLO*,
*recibimos.*
Y la experiencia es nuestra *conexión y respuesta a* ELLO.
Un nuevo lenguaje que, en un sentido,
entra en un conocimiento silencioso,
disuelve toda expresión de los sentidos.
Paz.
Tu experiencia de Ello
es la sanación.
No hay espacio-tiempo.
Sanar es nuestro reconocimiento de que somos completitud.
Siempre plenos.
Una entidad.
Reconectados,
ya no dependientes de la ilusión del

«yo distinto»,
sino más bien siendo
nuestro propósito,
nuestra completitud
como unicidad,
y nada menos que esa recepción
nos define.

Ésta es la Experiencia de la Sanación Reconectiva.

# ANTES DE QUE SIGAS LEYENDO…

*Antes de que sigas leyendo, anota todo lo que sientas, creas, sepas o creas que puedes saber sobre la sanación…* tus pensamientos, opiniones, ideas, conceptos, retenciones basadas en el miedo, y emocionantes impulsos hacia adelante. Regresa a lo que has escrito con tanta frecuencia como desees a lo largo de la lectura de este libro y más adelante, cuando vuelvas a leerte este tomo. ***Vive un poco: escribe con tinta.*** Siéntete con la libertad de añadir cosas a lo que has escrito, pero no borres nada. Más adelante, si algo en tus notas ya no aplica y quieres tacharlo, hazlo trazando una sola línea, de modo que dispongas de la opción de revisarlo y ver dónde te hallabas anteriormente. Te encontrarás regresando más de una vez, tanto mientras estés leyendo este libro como después, para monitorizar tu progreso. Descubrirás que ésta es una maravillosa guía de viaje a lo largo de tu propia evolución. También descubrirás que **eres parte integral para un proceso que está aquí y tiene un gran alcance.**

# CAPÍTULO 1

# EL DON DEL SANADOR

*«Somos… parte integral del mundo que percibimos; no somos observadores externos. Estamos situados dentro de él. Nuestra visión de ello es desde su interior. Estamos hechos de los mismos átomos y las mismas señales de luz que son intercambiadas entre los pinos de las montañas y las estrellas de las galaxias.»*

CARLO ROVELLI

*Y entonces llegó Jered…*

*Los regalos de cumpleaños, los regalos durante las fiestas y los regalos de boda son, generalmente, sorpresas. Ésa es la razón por la cual los envolvemos antes de dárselos a su receptor. Afrontémoslo: el nivel de emoción suele llegar a su pico mientras abrimos el paquete, ya lo desenvolvamos tranquilamente para conservar el papel de regalo (que, entre tú y yo, nunca volveré a usar, de todos modos) o rompamos rabiosamente el lazo y rasguemos el papel, como si los regalos que todavía no hemos abierto fuesen a desaparecer si no abriésemos éste con la suficiente rapidez. Las sanaciones también son sorpresas. El papel que los envuelve quizás no sea de unos grandes almacenes, puede que el contenido no sea algo preseleccionado de una lista de regalos, pero pese a ello, la revelación del regalo llega a su propio paso y ritmo. No hay nada que puedas hacer para acelerarlo y ninguna pista sobre lo que hay dentro. Frecuentemente ni siguiera puedes adivinar cómo ha entrado el regalo en el paquete.*

*Éste fue el caso de Jered... Jered sólo tenía cuatro años cuando su madre le trajo para que me conociera. Llevaba unos aparatos en sus rodillas que ya no le sostenían y tenía unos ojos que miraban en dos direcciones a la vez pero que eran incapaces de enfocarse en algo, las palabras ya no salían de su boca... y en el vacío estaba el flujo interminable de saliva. La luz de Jered había quedado reducida a una expresión vacía que apenas mostraba un brillo del hermoso ser que habitaba en su interior.*

*Había estado perdiendo la mielina, gracias a la cual se trasmiten los impulsos nerviosos, que revestía su cerebro, y como resultado de ello había estado sufriendo aproximadamente cincuenta ataques epilépticos de tipo gran mal por día. La medicación había reducido el número de ataques a unos dieciséis.*

*Mientras estaba tendido sobre la mesa, inmóvil y casi sin expresión, su madre me explicó que a lo largo del último año había sido testigo, con impotencia, de su rápido deterioro. Para cuando vino a verme por primera vez, se encontraba no con el niño que había conocido, sino con lo que sólo podía describir como «una ameba».*

*Durante la primera sesión de Jered, siempre que mi mano se acercaba al lado izquierdo de su cabeza percibía su presencia e intentaba llegar a ella. «¡Mira! Sabe dónde está tu mano. Está intentando alcanzarla. Nunca hace eso», me señaló su madre con una sorpresa esperanzada. Respiró hondo y añadió: «Ahí es donde le falta la mielina». Jered se volvió tan activo al final de esa sesión que su madre tuvo que sentarse a su lado en la mesa, tomando suavemente sus manos, cantando, apaciguadoramente, canciones infantiles como sólo una madre puede hacerlo. Su favorita era «Estrellita, ¿dónde estás?». El día de la primera sesión de Jered, sus ataques físicamente violentos se detuvieron. Por completo.*

*En la segunda sesión de Jered, éste asía los pomos de las puertas y empezaba a girarlos. Su vista mejoró y ahora era capaz de concentrarse en objetos. En su camino fuera de la consulta, señaló hacia un arreglo floral en nuestra zona de recepción: «Flores», dijo, sonriendo. Ninguno de los ojos de la gente que había en la habitación se mantuvo seco.*

*Esa noche, se vio a Jered recitando las letras del alfabeto junto con el presentador de un programa de televisión; y antes de irse a dormir, este angelito, que antes no podía hablar, alzó la cabeza, miró a su madre y dijo: «Mamá, cántame». Cinco semanas después, Jered había regresado a la escuela. En el patio. Pillando pelotas.*

*—Fragmentos y correcciones de un relato que Eric escribió para un libro titulado Hot chocolate for the mystical soul, compilado por Arielle Ford.*

El regalo de ser invitado a la Experiencia de la Sanación Reconectiva (ESR) como catalizador llega con el propio hecho de ser testigo de ella y con la desaparición de la otredad, el descubrimiento del amor infinito y eterno que somos; y, de vez en cuando, conseguir la oportunidad, en medio del día, para cantar «Estrellita, ¿dónde estás?».

Parece haber un estigma en la cultura actual alrededor de la sanación, en concreto alrededor de la gente que llamamos *sanadores*, y *el poder que les concedemos* conscientemente y no tan conscientemente. El poder que les concedemos es *nuestro propio poder intrínseco*. Frecuentemente, cuando oímos que alguien es un sanador, se produce la suposición automática de que esa persona está, de algún modo, dotada de unas características muy particulares y altamente extraordinarias, o que esa persona está, de alguna manera, especialmente ungida por Dios con unos poderes sobrenaturales.

Cuando piensas en ello de esta forma, eso prepara, automáticamente, el escenario para la ilusión percibida del sanador como algo o alguien que es «más» a nuestros ojos, lo que reduce, por comparativa, nuestro reconocimiento de nosotros mismos. Esto sólo sirve para generar una alucinación de un abismo entre nosotros y Dios o, si quieres ser un poco más agnóstico al respecto, lo que los filósofos y los teólogos que van desde Aristóteles hasta santo Tomás de Aquino e Immanuel Kant, describieron como la «Primera Causa».

La historia de la humanidad es la evolución de nuestras ideas, y las ideas existen en la intersección entre nuestra consciencia y el mundo exterior. Una de las primeras ideas de nuestros antiguos antepasados fue que eran más que un simple cuerpo, y que cuando se descorporizaban tras la muerte se convertían en espíritus con el poder de habitar en todas las cosas, desde objetos hasta lugares y criaturas. A esta creencia se le llama *animismo*: la atribución de una esencia espiritual o «alma» a todos los objetos y seres, humanos y de otros tipos. El término *animismo* procede del latín, y la raíz *anima* significa, literalmente, «aliento», «espíritu» y «vida». Algunos eruditos creen que el *animismo* es probable que sea la expresión más antigua de la humanidad de algo que podría llamarse *religión*.

En 1989 se descubrió en Israel un lugar llamado Ohalo II, en la costa sudoeste del mar de Galilea, o lago Kinneret, cerca de la ciudad de Tiberíades. Proporcionó pruebas de que hace aproximadamente veintitrés mil años los humanos cambiamos nuestras lanzas por arados y que, como consecuencia de ello, nos transformamos de recolectores en agricultores. Los resultados consiguientes a esta transición se encuentran entre los desarrollos más importantes de la historia de la humanidad. A medida que empezó a desarrollarse una sociedad basada en la agricultura y la domesticación de animales, esto alejó más a la humanidad de la idea de que todos estábamos conectados. En lugar de que la humanidad fuera una parte indeleble del planeta, la humanidad reclamaba ahora su dominio sobre él; y a medida que la forma de vida nómada dio lugar a sociedades, empezaron a surgir las religiones organizadas.

Originalmente creadas como forma de comprender nuestro lugar en el mundo y en el Universo, a veces estas religiones crearon jerarquías como forma de mantener el poder; y así, después de muchos milenios, la idea del *animismo,* que venía a decir que no había distinción entre el mundo espiritual y el físico, dio lugar a la idea de que Dios era algo distinto o externo a nosotros.

Ahora que la sociedad se estaba reestructurando y estaban surgiendo jerarquías, ¿cómo podría tener la gente corriente acceso a Dios? Bueno, si querían tener un mejor acceso a Dios, sería mejor que fuesen a ver a sus sacerdotes, sacerdotisas, chamanes u hombres/mujeres santos.

A medida que las ideas del hombre evolucionan, se reorganizan y modernizan de acuerdo con nuestros descubrimientos científicos, también lo hacen muchas fes. Con la aparición de la física cuántica y de otros descubrimientos científicos que ponen de evidencia que todos estamos conectados a través de un campo de información, de repente parece como que la idea de que Dios es algo independiente de nosotros se ha vuelto bastante anticuada. En lugar de ello, está surgiendo la validación de la idea de que Dios está *en* nosotros y de que *somos* Dios.

Como alternativa, ya que el término «Dios» puede ser un vocablo controvertido para algunas personas, siéntete con la libertad de reemplazar la palabra «Dios» por «Fuente», «Energía», «el Campo Unificado», «baklava», «tulipán», «paraguas», «bacalao salado» o cualquier otra que escojas. Es, en esencia, una palabra para referirnos a *El que es*, razón por la cual es tan difícil comprender por qué tantos humanos *todavía* generan guerras en nombre de esta palabra.

El que seas religioso o el que no practiques una religión, no es lo importante. El que creas en Dios o el que seas ateo tampoco es importante. Lo importante es que, al igual que la humanidad está redescubriendo la idea de que no somos independientes de Dios, también estamos evolucionando, superando la idea de que sólo alguien especialmente designado como sanador (al tiempo que se asigna un atributo especial raro o único a esa persona) puede transmitir una sanación.

El nuevo camino significa que ser un sanador y la sanación propiamente dicha no son independientes de nosotros. Somos el sanador *y* la sanación; y como lo somos, no sólo sanamos a los demás, sino que también nos sanamos a nosotros mismos y, en el proceso, sanamos al mundo. Como lo somos, nos aportamos luz a nosotros mismos, a los demás y al mundo. Esto hace que todos seamos especiales y que *nadie sea especial*. Así, lo sobrenatural puede reconocerse como lo que ha sido siempre: *sobre-natural*; y ahora se puede reconocer lo extraordinario como *lo* que ha sido siempre: *extra-ordinario*. Y todos nosotros podemos, finalmente, *simplemente despertar*.

## Todos somos especiales y nadie es especial

La Sanación Reconectiva (SR) no es una religión ni pertenece a ninguna religión. La SR respeta a todas las religiones y reconoce que, en los muchos grandes caminos espirituales del mundo, pueden encontrarse grandes verdades en todos sus escritos. Por ejemplo, dependiendo de la traducción del Nuevo Testamento en la que te bases, en Juan 14, 12 te encontrarás con que Jesús dice: «Estas cosas que hago, vosotros también las haréis… y mayores», o «Las obras que yo hago vosotros también las haréis, y obras mayores que éstas haréis vosotros», y «Haréis las mismas cosas que yo estoy haciendo. Haréis cosas incluso mayores…». Encontraréis, continuamente, estas enseñanzas en prácticamente todas las traducciones. Para muchos, ésta puede ser una afirmación que suponga un desafío aceptar. Si el pensamiento de hacer lo que hizo Jesús todavía no te intimida, hay muchos que intentarán desengañarte de esa idea enteramente; y frecuentemente, en el mismísimo nombre de la persona que pronunció estas palabras: *¡Jesús!* De lo que la mayoría de nosotros no nos damos cuenta es de que somos mucho más poderosos de lo que creemos.

Marianne Williamson, una de las grandes maestras espirituales de la actualidad, lo estructura es esta forma; «Nuestro miedo más profundo no es que seamos incompetentes. Nuestro miedo más profundo es que somos inconmensurablemente poderosos Es nuestra luz, y no nuestra oscuridad, lo que más nos asusta».

Lo que algunas personas temen, a muchos hasta el punto de ni siquiera permitirles explorar el significado de estas enseñanzas, es que pueden muy bien ser incalculablemente poderosos, tal y como nos dicen Marianne y otros. Muy frecuentemente son estas mismas personas las que, cuando te ven viviendo a la altura de tu potencial, se sienten incompetentes porque quizás no se vean viviendo a la altura del suyo y temen que nunca puedan hacerlo. Ese es el precio de vivir en la comparación y el juicio. En lugar de una voluntad de arriesgar e intentar alcanzar su propio éxito, suelen recurrir a desacreditar y denigrar a aquéllos que sí alcanzan el éxito. Esta cobardía y acoso basados en el miedo y pasivos-agresivos (a veces activamente agresivos), se conocen con el nombre del *Síndrome de la Amapola Alta* que, en resumen, significa que no debes ser la amapola más alta o te cortarán el cuello para hacer que quedes a la misma altura que la media. Aquí es donde se nos reta a trascender al miedo y a vivir en el amor: a vivir en nuestra propia luz, y no en nuestra oscuridad. En realidad, todo esto se reduce al asunto del *mérito*.

La Experiencia de la Sanación Reconectiva ofrece un campo de juego nivelado en el que todos y cada uno de nosotros es la persona que es parida, ungida y dotada de la capacidad de sentir: ser una amapola tan alta como quieras. Esta es la verdadera naturaleza de la sanación. Cualquier cosa distinta es fingimiento, llana y sencillamente; porque la sanación no está *fuera* de nosotros, sino que está en nuestro *interior*, y cuando nos abrimos a ser el catalizador, nos *convertimos en* la sanación. El sanador en cada uno de nosotros es la verdadera parte de nuestra naturaleza que existe simultáneamente frente a y más allá de nuestra umanidad física. En otras palabras, todos poseemos el poder de ser un sanador, pese a que no es tanto un poder, sino un derecho inalienable de nuestra verdadera esencia y evolución.

El cambio de paradigma que está en juego es que no estamos *avanzando* hacia la completitud, sino que más bien *ya somos* completitud, y las sanaciones se dan en este despertar y conciencia. Sólo necesitamos *entrar* en ello. Puede que nos hayamos perdido el rumbo de esta verdad esencial, pero este momento de la historia tiene que ver con recuperar nuestra sapiencia. En la Sanación Reconectiva, *como* no hay una jerarquía ni ninguna persona «escogida», todo se limita a nuestro reconocimiento y a la totalidad de nuestras experiencias y elecciones, y en cada una de ellas hay niveles de rendición de cuentas.

La evolución de nuestra humanidad reside en nuestra rendición de cuentas para aceptar nuestro papel como sanadores para nosotros mismos, los demás y el planeta. Fíjate en que hemos dicho *rendición de cuentas*, y no *responsabilidad*. Señalamos esto porque existe una importante distinción que hacer entre estos dos términos. La principal diferencia es que la responsabilidad puede ser de muchos, mientras que la rendición de cuentas es singular. Tener que rendir cuentas significa ser responsable de algo y tener que responder por ello. Esto se reduce a que la vida vivida desde la perspectiva de conocer tu verdadera naturaleza es un don por el que tienes que rendir cuentas, y rendir cuentas por tu propia vida y por tu bienestar te hace tener que rendir cuentas por la vida de *todos* y por su bienestar. Ese es el don de la verdadera unicidad, de la sanación y del progreso en la vida.

Cuando surja un pensamiento, pregúntate: «¿De dónde ha procedido ese pensamiento?». Entonces verás que los pensamientos no son colocados en la conciencia desde el exterior. No hay un exterior. No hay límites ni fronteras. Sólo está la totalidad de quiénes somos: consciencia de la fuente puesta de manifiesto en materialización física. Algunas personas son la encarnación del sanador toda su vida. Tienen que rendir cuentas por todos los aspectos de su vida y reconocen que la vida es un don y una evolución, que la experiencia es un mapa de carreteras, que pueden marcar una diferencia, que sus elecciones en el momento actual pavimentan el camino para sucesos futuros, y que mediante su sola presencia son un sanador. Otros ni siquiera tienen que rendir cuentas por el hecho de existir. No reconocen ni tienen la claridad mental para darse cuenta de que lo que sucede en su vida forma parte de una cadena mucho mayor de interacciones. Buscan cosas externas para llenar un vacío en su interior en lugar de fijarse en lo que ese vacío en su interior necesita de verdad para ser llenado.

En este ejemplo, si refinamos esto hasta sus elementos más sencillos, puede que sólo haya dos paradigmas para la mente pensante: que vivimos en un universo conectado en el que todo está interrelacionado, o que vivimos en un universo independiente y distinto: un universo desconectado en el que todo es aleatorio y arbitrario.

Un paradigma reconoce que una persona debe rendir cuentas por su vida y su sanación, además de por la sanación del planeta y por la de todos que lo habitan, y el otro paradigma no. Uno es un mundo de *nosotros,* y el otro es un mundo de *yo.* ¿En qué paradigma preferirías vivir? Intuimos que, si estás leyendo este libro, en el primero.

## La simplicidad en la sanación

*«Algo es elegante si es dos cosas al mismo tiempo: inusualmente sencillo y sorprendentemente poderoso.»*

Matthew E. May

En la sanación, la simplicidad es una oportunidad que existe sin el sentimiento ni la necesidad de introducir mejoras ni precauciones. El sanador funciona en presencia, sin requerir de mejoras ni precauciones. El sanador se da cuenta de que, en la mismísima presencia de estas mejoras y medidas de seguridad planeadas, la sanación se ve reducida o posiblemente deja de existir completamente.

En la Sanación Reconectiva no hay necesidad de rituales, técnicas, herramientas de sanación ni baratijas, protecciones, intenciones, visualizaciones, memorizaciones, etc. Éstos sólo oscurecen la pureza del sanador, que es revelada cuando trascendemos a nuestra dependencia de los aspectos externos. Es revelada cuando todo lo demás desaparece y la brújula interior de la sapiencia, en la autenticidad y la verdad, surge de tu interior para reconocer genuinamente que *tú eres suficiente.* Tú existes, tú observas, tú eres testigo, tú disuelves la otredad. En este reconocimiento del recibir, inspiras catalíticamente al sanador hacia el potencial infinito de la consciencia, mientras, al mismo tiempo, reconoces el tuyo propio.

*Recibir, recepción (conexión con el campo de energía).* No es necesario que intentes enviar sanación, sino sólo recibir sanación. El mismísimo pensamiento o intento de enviar instila una idea de distancia, una falsa sensación de separación o división que, en el mejor de los casos, diluye y oscurece todavía más la sanación, haciendo que entres simultáneamente en una *otredad* que, a un nivel muy básico y, en general, ni siquiera a un nivel consciente, infunde una sensación de tristeza y miedo. Por lo tanto, busca subliminalmente una satisfacción temporal aliviando el ego mediante rituales, protecciones y estados que refuerzan todavía más la repetición en ciclo de *más* sentimientos de separación, *más* miedo y *más* antojos que aliviar.

Al recibir, entras en la unidad, en tu propia transfiguración e intimidad, como la pura sensación de una inteligencia infinita que disuelve el contenido de la experiencia que ha estado ocultando la perfección de tu unicidad, tu transformación, a *ti.* Es aquí donde eres un dispositivo receptor, una especie de *Bluetooth, emparejable como Fuente-Inteligencia,* disponible para su emparejamiento con otro y para disolver la otredad. Te conviertes en un participante y un agente para la sanación, permitiendo que todos entren en su propia ecuación de la sanación, perfectamente diseñada para ellos; y así se te introduce en el verdadero arte de la conexión con su campo de energía sin la necesidad de enviar; a la unicidad, sin la necesidad de fabricar otredad; al amor, sin la ilusión vacía del miedo y la separación. Esto es lo que significa ser un sanador. Esta es la Experiencia de la Sanación Reconectiva.

## ¿Qué hace que la simplicidad sea tan compleja?

La complejidad es, por definición, algo que es difícil de comprender o de captar conceptualmente. Así, ¿por qué es la simplicidad un logro tan aparentemente complejo? Porque en la mayoría de los casos se trata de una reducción de elementos a los que nos hemos apegado, creaciones de contenido que se nos había dicho que necesitamos y que, ya para empezar, nunca necesitamos. Eran, meramente, las necesidades imaginadas de las personas que nos aportaron estas ideas. Eran *sus* supersticiones y apegos de las que, por múltiples razones, nos convencieron y que nos aportaron una falsa sensación de comodidad y seguridad; y debido a ese apego, simplemente estamos asustados por aquello a lo que *pensamos* que tendríamos que renunciar para conseguir lo que simplemente *es*.

Sin embargo, si queremos, renunciar a nuestros apegos a ciertas ideas y cosas que *creemos* que nos mantienen a salvo y seguros, las cosas que nos resultan *familiares* o que consideramos *confiables* o *ciertas*, entonces podrán fluir, en el lugar dejado vacío por estos apegos, nuevas ideas, conceptos y energía. En realidad, renunciamos a muy poco, si es que renunciamos a *algo*, para ganar mucho.

Esto se reduce a que tenemos que estar dispuestos a renunciar a la ilusión de que necesitamos algo fuera de nosotros para conseguir una sanación. ¿Podría tratarse de que la ilusión sea una aberración, una aparición, una fantasía, algo detrás de lo que nos estemos escondiendo porque, de hecho, tenemos miedo de la *potencialidad* de nuestro poder innato y divino para sanarnos a nosotros mismos y ser el sanador de otros?

En el núcleo de la Sanación Reconectiva, la simplicidad consiste en desprendernos de nuestro apego a las técnicas, incluyendo aquellas técnicas intrínsecas a nuestras muchas modalidades conocidas; una renuncia a nuestras esperanzas y creencias en objetos externos para que nos proporcionen poderes especiales, protecciones; unos *lo que sea* especiales o, nos atrevemos a decir, cualquier cosa que creamos que nos hará ser «más» de la forma que sea.

Cuando todo esto se desmorona, todo lo que queda es nuestra comunión con el Es: el conducto que nos despierta y *te* despierta, el explorador, el facilitador/sanador hacia la conexión con su campo de energía.

A través de esto te conviertes en el catalizador recién inspirado para la sanación. Todo lo demás no es más que desorden e ilusión que oscurece la belleza y la simplicidad del Antes-Más Allá, de la Fuente, la verdad, la liberad, el amor y la presencia. La presencia eterna que eres *tú*.

La presencia es clave porque se cruza con la atemporalidad, lo que es, al mismo tiempo, una aparente paradoja; algo contario a nuestro conocimiento, un pequeño misterio para muchos, cuando menos.

En este espacio
lo que se disipa es la distracción,
lo que queda es la atracción.
Lo que cae es lo externo,
lo que queda es lo interno.
Lo que cae es lo temporal,
lo que queda es lo eterno.
Lo que cae es la ilusión,
lo que queda es la realidad.
Lo que cae es la mentira,
lo que queda es la veracidad.
Lo que cae es la armadura,
lo que queda es la atención del corazón.

Todos disfrutamos con un poco de misterio, con un poco de mística de vez en cuando. Es atractivo, es tentador. Pese a ello, en el campo de la sanación, es fácil que nos encontremos súbitamente algo más que un poco perdidos en un ciclo de mística indeterminada y que se autoperpetúa, en lo desconocido aparentemente interminable y secretamente complejo. La propia mística puede hacernos sentir segregados y únicos. Las técnicas nos permiten sentirnos maestros y en posesión del control; y los rituales pueden hacernos sentir como si formáramos parte de una élite, de un linaje de tradición.

Las protecciones pueden incluso hacernos sentir como si estuviéramos jugando con algo peligroso y poderoso, mientras que todo lo que hacen en realidad es mantenernos en una dinámica basada en el miedo.

Todo esto forma parte de un ciclo seductor y atractivo, que se limita, a veces, a que incluso la forma en la que sentimos esto nos permite mostrarnos a los ojos de los demás; es una forma que nos proporciona pequeños estallidos de placer superficial, aunque no nos alimenta, porque se basa en lo temporal.

Ciertamente, la Experiencia de la Sanación Reconectiva *es* su propia recompensa. Para llegar ahí, debemos abrazar nuestra *propia* verdad y ser todo lo que somos. No es necesariamente lo que *deseamos* que sea nuestra verdad, no es aquello en lo que podamos estar *insistiendo* o a lo que nos estemos *aferrando* externamente como nuestra verdad, sino que es la verdad que habla cuando nos preguntamos tranquilamente a *nosotros mismos* quiénes somos, cuál es nuestra verdad en realidad. Esa verdad es la voz que susurra en el silencio cuando no hay nada ni nadie, sino tú, presente, para oír la respuesta.

*Sanación.* Es una palabra muy hermosa y, pese a ello, su mera pronunciación puede encender una vorágine de respuestas y reacciones que van directamente a lo emocional, y estas emociones no siempre son las más bonitas. Esta palabra parece provocar una de dos respuestas: ya sea *miedo*, frecuentemente elevado y voluminoso, de forma muy parecida a gritar para llamar la atención, o *amor.* Muy raras veces parece haber un terreno intermedio.

Estar de acuerdo en redefinir esta palabra, además de expandir la comprensión de nuestra relación esencial y fundamental con la simplicidad inherente que *es* la sanación, puede muy bien ser la joya perdida que permita a la humanidad alcanzar su potencial dado por Dios.

La elegancia del sanador, tanto con forma como sin ella, tanto en movimiento como en reposo, es una conexión con su campo de energía, desde la cual surge la sanación del hecho de entrar en desapego cariñoso. En esta recepción (o conexión con el campo de energía) pura te desprendes de tu apego tanto a la persona que recibe la sanación como al resultado de la sanación. Una vez que obtengamos este conocimiento, nos encontraremos en un camino desde el que hay poco deseo o satisfacción por regresar.

Así pues, ahí está la *simplicidad elegante* y ahí está la *gracia* del sanador: una falta de crítica que engloba a todos los implicados.

La falta de crítica procede de que no haya decisiones alrededor de si la experiencia de la sanación ha sido o no buena, mala, mejor o indiferente, con relación a si se ha obtenido el resultado deseado o no. En lugar de ello, tenemos la constatación de que cada sanación es perfección y que nuestra propia sanación crece de nuestro reconocimiento en constante expansión de que en cada ocasión es *exactamente* lo que necesitamos: ya se trate de algo tangible y nombrable, deseado o no deseado, o que se dé a un nivel mucho más profundo de nuestra esencia. Nuestra *propia* sanación está directamente relacionada con nuestra capacidad para reconocer la perfección de la sanación de cada persona, incluyendo la tuya propia.

Puede que pienses que, para ser un catalizador para una sanación óptima, debes estar en un «estado de amor», idealmente en uno del que seas consciente, que agradezcas y por el que estés agradecido. Por hermoso que pueda sonar, esto *no* es un requisito, porque somos Amor irreductiblemente, tanto lo estemos experimentando o no en un estado consciente. «Amor» es una palabra en la sanación que evoca tantas interpretaciones distintas como nubes hay en el cielo. No se trata de estar en un *estado* de amor, sino que consiste en ser *el mismísimo amor*. No consiste en *pensar* el amor, *desear* el amor a la persona que se encuentra sobre tu mesa de sanación, etc. En lugar de ello, investigas el Yo, que es *el amor en sí mismo*, porque *el amor es* (piensa en la metáfora de una vela que enciende otra vela, o de dos corazones que se convierten en uno, o de dos biofotones sincronizándose). Lo que se crea es una Experiencia de Sanación Reconectiva infinita e indistinguible donde ya no hay separación. No hay separación. *Ninguna.*

Aunque no sabemos a qué va a equivaler la sanación para el receptor con el que te emparejes, tu presencia como testigo es el *catalizador* de la sanación. Tu presencia te permite, de hecho, ser testigo, con asombro y maravillado, de cómo la sanación es otorgada en esta ecuación con la pura *amorosidad* de la existencia compartida y sin la necesidad y sin ni siquiera el deseo de conocer los detalles sobre cómo o por qué.

En la Sanación Reconectiva, esta es tanto una parte importante de la ecuación sanadora y una parte importante de lo que significa ser el sanador.

Al explorar nuestra receptividad como Energía, Luz e Información (Dios, Amor e Inteligencia Infinita), el verdadero amor se revela como nuestra realidad. Aunque puede que no siempre seas consciente de ello, te expresas en forma de este ser infinito reconectado y esta conciencia pura. Este es un papel en la existencia como consciencia puesta de manifiesto. ¡La propia existencia! Podemos confundir fácilmente la palabra «existencia» con «ser». *Ser* es el trasfondo desde el que emergen todas las cosas. La *existencia* (del latín *existere*), significa dar un paso adelante, salir, emerger, aparecer para ser visible, salir a la luz. Este es tu papel como sanador: hacer fácil lo que parece ser una constelación de potenciales y posibilidades infinitos. Hacer que lo desconocido sea conocido, lo intangible tangible, lo inaccesible accesible y lo incomprensible comprensible.

*Detengámonos y tomemos nota de algunas cosas que ya hemos explorado:*

Hemos revisado algunos conceptos integrales, como que nuestra vida se encuentra en un universo conectado; que la elegancia en la sanación es su simplicidad; y que la conciencia reemplaza a la necesidad del ritual, la técnica, la protección, la intención y los objetos de sanación. También hemos descubierto que los receptores funcionan como Bluetooths, emparejables con todos y todo; que la gracia del sanador es una comunión sin crítica con la Inteligencia Sanadora Reconectiva y, en último término, que no tiene que ver con *pensar* el amor, no tiene que ver con *desear* amor: tiene que ver, puramente, con *ser el propio amor.*

En suma, ser un sanador es un don que sólo puede recibirse, sólo puede experimentarse cuando ya no estamos buscando añadir o suplementar; y sólo cuando ya no estemos buscando añadir o suplementar podremos ser de verdad el sanador. Somos, al mismo tiempo, el sanado *y* la sanación.

Este es un maravilloso punto para que modifiquemos un poco el ritmo y que pivotemos alrededor del primero de nuestros ejercicios interactivos.

## Ejercicio 1:
## Pintar la palma de tu mano con las frecuencias: Una exploración de la recepción (conexión con el campo de energía)

Mientras estés sentado en casa o en un lugar en el que puedas permitirte relajarte, abre tu mano izquierda y colócala en paralelo al suelo. Ahora extiende y abre algo los dedos de tu mano izquierda y mira la palma de esta mano. Mientras la estés mirando, eleva tu mano derecha hacia el lado de tu cabeza con los dedos de tu mano derecha también abiertos y bastante extendidos. Recuerda seguir mirando la palma de tu mano izquierda y fíjate en los dedos de esta mano mientras mantienes los dedos de ambas manos extendidos y completamente abiertos, manteniendo un poco de sensación de estiramiento, una ligera tensión en los músculos de las palmas de tus manos.

Imagina que la piel de la palma de tu mano izquierda es un lienzo fuertemente estirado, listo para que un artista empiece a pintar, y que la superficie de tu mano derecha está extendida o rociando pintura sobre ese lienzo. Mantén una ligera tensión en ambas manos mientras deslizas suavemente la derecha hacia arriba y hacia abajo lenta y relajadamente, permitiéndote sentir cualquier cosa que resulte que sientas, incluso aunque sólo sea la sensación del aire mientras tu mano se desliza a través de él. Siéntete con la libertad de empezar a una distancia que vaya de los 7,5 hasta los 90 centímetros. Sugeriríamos empezar a una distancia de 30 centímetros para luego ir expandiéndose hacia fuera. Ciertamente, el único poste indicador o limitación a esta distancia es tu nivel de comodidad física o emocional, que se expandirá a medida que lo permitas. Recuerda que sentir es escuchar con una sensación distinta, y tanto sentir como escuchar son actividades de recibir.

Mientras te permites seguir deslizando tu mano derecha mientras miras tu mano izquierda, puede muy bien que empieces a detectar variaciones en la intensidad, el carácter y la calidad de la sensación, primero en una mano y después en la otra. Puede que percibas un cambio de temperatura o una fluctuación de la vibración o la resonancia. Entonces puede muy bien que empieces observar un movimiento en uno o más de los dedos de tu mano o izquierda y posiblemente incluso en los de la derecha. Simplemente observa, percibe y explora distintos movimientos. Mantén los ojos abiertos. Podrías mover los dedos de tu mano derecha un poco. ¿Cómo afecta eso a los dedos de tu mano izquierda? Si no estás seguro al principio, sigue jugando algunos segundos más y mira qué te revela eso. A modo de variación, puedes decidir usar, suavemente, un movimiento de bombeo parecido a la succión desde el centro de tu mano derecha. ¿Qué cambios provoca eso en ti?

Permítete estar enfocado en lugar de mantener el foco. Permite, sin ningún esfuerzo, que los pétalos de esta flor se desplieguen de forma natural y revelen su belleza. Mientras juegas, mientras pintas, mientras bailas metafóricamente con estas frecuencias, observa la expresión animada de la vida en tus manos y explora la manifestación sensorial; y siéntete con la completa libertad de enviarnos un e-mail sobre tu experiencia con este y con los otros ejercicios que veremos más adelante en los otros capítulos. ¡Queremos saber de ti!

1. ¿Qué he aprendido de este capítulo?
2. ¿Qué he descubierto con este ejercicio?
3. ¿Qué ideas son nuevas para mí?
4. ¿Qué ideas son distintas de lo que podría haber pensado?
5. ¿Qué ideas estoy considerando o contemplando ahora?
6. ¿Qué ideas son las que me resultan más naturales?
7. ¿Con qué ideas o conceptos tengo más dificultad o encuentro más difícil aceptar?
8. ¿Con qué ideas o conceptos tengo más dificultad o encuentro más difícil comprender?
9. ¿De cuáles de mis anteriores convicciones e ideas encuentro más difícil desprenderme y dejar ir?
10. ¿Qué ideas y conceptos encuentro más liberadores y empoderadores?
11. ¿Qué me ha permitido descubrir y en qué me ha permitido convertirme mi voluntad de no saber?
12. ¿Qué me permitirá mi voluntad actual de no conocer descubrir en el futuro y en qué me permitirá convertirme?

*Responde a las preguntas anteriores con tus pensamientos, posibles respuestas, explicaciones, ideas, etc., lo mejor que puedas.*

*Si no sabes cómo responder a algunas de las preguntas anteriores o simplemente no dispones de las palabras, hemos diseñado un modelo de «rellenar los espacios en blanco» a continuación para que te ayude.*

1. No estoy seguro de saberlo, pero si lo supiese, la respuesta podría ser _____.
2. No acabo de encontrar las palabras para explicar esto, pero si las encontrase, podrían ser _____.
3. No acabo de encontrar las palabras para describir esto, pero si las encontrase, podrían ser _____.

# CAPÍTULO 2

# EL DON DE LA ENERGÍA, LA LUZ Y LA INFORMACIÓN

*«Si quieres encontrar los secretos del universo, piensa en términos de energía, frecuencia y vibración.»*

NIKOLA TESLA

## La medición antes-más allá

El concepto de *más allá* es interesante y variado. Puede que algo se encuentre más allá de nuestro alcance, alguien podría encontrarse más allá de su bienvenida. Lo que encontramos especialmente interesante es cuando algo se encuentra más allá de un estándar aceptado, lo que significa tener que reevaluar nuestras normas, mediciones, comprensiones, percepciones y, quizás y más especialmente, nuestras zonas de confort.

Cuando estamos abiertos a nuevas ideas es en este lugar de apertura y reevaluación donde podemos explorar y desenterrar nuestras propias limitaciones y ofuscamientos: limitaciones autoimpuestas basadas en el egocentrismo. ¿Te has dado cuenta alguna vez de cómo la discusión sobre el ego, o simplemente la *mención* de la palabra ego, provoca tanta resistencia, y… bueno… qué palabra estamos buscando aquí… oh sí… *ego*?

¿Por qué sacamos esto a colación? Porque la Experiencia de la Sanación Reconectiva nos permite existir y funcionar *fuera* del reino del ego, antes de, *antes-más allá* del ofuscamiento del ego, en la *disolución* del ego. El ego simplemente está ausente en la Experiencia de la Sanación Reconectiva. Estas frecuencias existen en un reino que la ciencia no es todavía hoy capaz de medir comprensiblemente. ¿Cómo encajan entonces estas frecuencias en el espectro de todas las frecuencias?

Entre otras formas de valoración, la ciencia mide frecuencias en kilohertzios, megahertzios y gigahertzios con tanta precisión que, para la mente no científica, todo este concepto duele, de algún modo. Las frecuencias existen en las ondas mecánicas y las electromagnéticas, como las microondas, las ondas de radio, las ondas de sonido y las ondas de luz: todavía no se ha alcanzado un consenso con respecto a las ondas del cabello :).

Una característica definitoria de las ondas electromagnéticas es que siempre viajan a la misma velocidad. Las ondas propiamente dichas se miden en longitudes de onda, que son descompuestas, más a fondo, en gráficas de bandas de frecuencia basadas en intervalos cronometrados, etcétera.

Desde el momento en la que las frecuencias de la Sanación Reconectiva aparecieron, nuestra naturaleza humana nos hizo clasificarlas *en* algo, en algo que ya se conoce. Permanecer en nuestra zona de confort es una configuración humana por defecto. Pese a ello, si ciertas personas, a lo largo de la historia, nunca hubiesen desafiado las convenciones de esas zonas, seguiríamos viviendo en la Edad de Piedra. Cuando no podemos relacionar lo desconocido con algo que ya conocemos y sentimos, algo con lo que ya estamos familiarizados, suele producirse miedo o asombro: miedo a algo que no está claro, no es transparente o no es fácil de conocer a través de nuestra mente; o el asombro ante lo desconocido en lo que se desencadena la multidimensionalidad y se pone de manifiesto.

Puede que acabemos reconociendo, secretamente, la existencia de algo nuevo, algo que no habíamos visto antes o que, en general, no nos habíamos creído. Pese a ello, para ser aceptado por la mayoría, una estrategia puede consistir en suprimir la verdad e intentar ocultar o desviar las críticas oprimiendo a otros que apoyan lo que reconocemos en secreto que es la verdad.

Tal y como explica Lee Carroll, un viejo amigo mío y autor de la serie de libros *Kryon*: «Hay un cambio de ritmo general. Con la aparición de Internet, hay una aceleración, y también hay una aceleración en la sanación».

La Sanación Reconectiva es esa aceleración.

Debido a nuestra mismísima naturaleza, anhelamos encontrar una forma de captar, comprender y describir qué son estas frecuencias de Energía, Luz e Información. Queremos dar con una forma de *designarlo* con un principio, centro y final definidos.

> *«Los que eres, básicamente, muy dentro de ti y en lo más profundo de tu Ser es, simplemente, el tejido y la estructura de la existencia misma.»*
>
> ALAN WATTS

En nuestra búsqueda desesperada de comprensión, intentamos descubrir *SUS* parámetros. ¿Cómo encaja *ELLO* en unos parámetros religiosos dados o yóguicos y de otras prácticas? ¿Puede *ELLO* explicarse con o está contenido en filosofías y tradiciones existentes? En otras palabras, queremos que *ELLO* encaje ordenada, limpia y eficientemente en nuestra comprensión de algo, de *cualquier cosa*, basándose en *lo que ya conocemos*. Esto nos aporta una sensación de familiaridad, comodidad y seguridad que valida el mundo tal y como lo conocemos. Pese a ello, si intentamos encajarlo todo dentro de *lo que ya es conocido*, ¿cómo descubriremos *todo lo que se desconoce*?

Si William Herschel hubiera insistido en que todos los colores, o la percepción de los colores encajase con las longitudes de onda de la luz conocidas, nunca habría descubierto la luz infrarroja en 1800, ni Johann Ritter hubiera descubierto la luz ultravioleta en 1801. Sólo cuando estamos dispuestos a albergar la posibilidad de que *algo* existe *más allá (y antes de)* nuestros parámetros percibidos y mirar *hacia fuera* de esos parámetros percibidos, podemos, de hecho, descubrir *lo* que existe *aparte* de esos parámetros.

Esto lleva aparejada una pregunta relacionada: ¿Podemos permitirnos desplazarnos más allá del ego, la parte perceptora del yo que nos haría creer que ya lo sabemos todo, y entrar en la ausencia de ego, donde estamos abiertos al puro descubrimiento sin juicios?

Para muchos, esto requerirá, al principio, de un cambio y una conciencia abierta a nuevas formas de pensar y de recopilar información.

La Revolución Copernicana es un gran ejemplo de un cambio radical en el pensamiento provocado por el proceso de descubrimiento. A principios del siglo XVI, Nicolás Copérnico argumentó que el cosmos estaba compuesto por un tipo distinto de realidad física de lo que se pensaba en gran medida en esa época. Hizo cambiar el paradigma del modelo ptolemaico de los cielos al modelo heliocéntrico, lo que significaba que la Tierra ya no se consideraba el centro del universo, sino que más bien se entendía que era el Sol el que estaba en el centro, con la Tierra, los otros planetas y las estrellas orbitando alrededor del Sol. La Iglesia (por lo tanto, mucha gente), no quería aceptar este modelo, pero al final la ciencia demostró que era incontrovertible y en la actualidad nadie tiene dudas al respecto.

Irónicamente, la mayoría de la gente sigue lo que dice la ciencia, sin ser consciente de que la ciencia sigue a aquéllos que no esperan. Tal y como dice el doctor Joe Dispenza: «Si esperamos a que la ciencia nos dé el OK, la convertimos en otra religión. Si simplemente salimos y lo hacemos, entonces la ciencia debe cambiar sus leyes para explicarlo».

Es incuestionablemente claro que los parámetros de la Sanación Reconectiva tampoco pueden encontrarse ni cuantificarse mediante los métodos actuales, o mediante cualquier método. Eso se debe, simplemente, a que no encajan dentro de los límites, las limitaciones o los extremos de cualquiera de nuestras escalas conocidas. A no ser que y hasta que descubramos formas de medir parámetros *muy* superiores a aquellos de los que ya somos conscientes, será difícil, por no decir imposible, *medir* científicamente la amplitud y el ámbito de la Sanación Reconectiva por lo que es: Energía, Luz e Información que es INTIMIDAD COMPLETAMENTE INFINITA.

En otras palabras, aunque la ciencia sigue intentando alcanzar lo que *es* (y durante mucho tiempo, por no decir siempre, seguirá haciéndolo), por lo menos la ciencia está reconociendo que la Energía, Luz e

Información que constituyen la Sanación Reconectiva ES: *existe* incluso aunque la ciencia no pueda medirla, expresarla o categorizarla exactamente. De acuerdo con nuestra comprensión actual de las leyes del universo, simplemente no encaja en ninguna taxonomía, jerarquía o *caja de herramientas* del sanador conocidas. No tiene límites.

Cuando la Sanación Reconectiva apareció por vez primera aquí en la Tierra, llegó a través de un portal que *apareció y se dio a conocer* de repente; y mediante este portal llegaron aspectos y frecuencias de Luz e Información que yo, Eric, y el mundo de la investigación, llegaríamos a entender más y más. Para hacer esto tuve que observar de verdad, y tuve que aprender a observar, desde un lugar y un espacio distinto al que estaba acostumbrado. Observar sin asignar un significado o interpretación y ser lo más puro posible es un reto para el cuerpo-mente finito, y ciertamente lo fue para mí.

No procedí de unos orígenes aparentemente conscientes que me permitieran comprender *SU* constancia, características y cualidades, aunque debo haber procedido de unos orígenes que me proporcionaron por lo menos parte del instinto al que necesitaría recurrir.

No llevó mucho tiempo descubrir que cuando nos implicamos en ELLO, nos convertimos en la forma más elevada de consciencia en el planeta. Quizás no a un nivel consciente, sino como nuestra esencia esencial. Y eso es suficiente. Es más que suficiente. Eso es todo lo que *ELLO* está buscando. *ELLO* simplemente quiere que *observemos, percibamos y experimentemos;* y, al mismo tiempo, *ELLO* está aquí para experimentarse a sí mismo *a través* y *en forma de* nosotros. Tal y como nos mostraron Herschel y Ritter, las apariencias engañan; y en la actualidad, nombres tan prominentes como el del neurocientífico y escritor Bernardo Kastrup y el físico teórico y autor Carlo Rovelli se unen a las filas de aquéllos que proporcionan un conocimiento continuo sobre el reconocimiento del infinito.

Una vez que captamos esta realidad, empezamos a comprender por qué la Sanación Reconectiva, que es Energía, Luz e Información infinitas, no es otra herramienta para nuestra caja de herramientas para la sanación. No puede serlo, porque no es una herramienta en absoluto. *Cualquier* caja, *cualquier* herramienta y *cualquier cosa,* es finita, limitada por su mismísimo diseño; y todo lo que es finito está englobado en el infinito.

Esto significa libertad y expansión. Una vez que accedemos a la Sanación Reconectiva, obtenemos acceso a lo *ilimitado*, acceso a nuestro Yo infinito.

Lo que nos permite acceder a lo ilimitado es lo mismo que permitió a Herschel y Ritter descubrir la luz infrarroja y la ultravioleta: una voluntad de preguntarnos a nosotros mismos de forma libre, sencilla y natural, y explorar nuestra experiencia propiamente dicha. En realidad, esa es toda la comprensión que necesitamos para eliminar nuestras anteojeras de modo que podamos ver más allá de las mayores magnitudes, bordes, espectros y anchos de banda que percibimos actualmente como la realidad.

Piensa en ello, por un momento, como en las anteojeras de un caballo de carreras. Todo lo que el caballo puede ver es lo que tiene delante. Esa limitación puede ayudar al caballo a ganar la carrera limitando las distracciones visuales (y por tanto beneficiando económicamente al propietario del animal), pero lo consigue limitando enormemente la capacidad del caballo para ver lo que está sucediendo a su alrededor, además de su capacidad de percibir que él, al igual que nosotros, estamos corriendo en una pista mayor.

La Energía, Luz e Información que es la Sanación Reconectiva, que tiene una medida infinita, está claramente más allá de lo que podemos ver metafóricamente con nuestras anteojeras finitas puestas. Pero también es la Experiencia de la Sanación Reconectiva la que elimina estas anteojeras, concediéndonos una mayor visión, conocimiento y acceso a nuestro potencial infinito. El modelo de las anteojeras del caballo es un constructo para mostrar la facilidad y la accesibilidad inmediata para todos y cada uno de nosotros.

Una vez que nos damos cuenta y aceptamos nuestra naturaleza como seres infinitos o, de forma más precisa, como *ser* infinito o una Entidad, una Consciencia, se desplegará un nuevo despertar para la humanidad. Es probable que esta sea la mismísima razón por la que estemos viviendo el momento más emocionante de la historia hasta la fecha, ya que sólo ha sido en la última década, más o menos, cuando la ciencia ha empezado, con fuerza, a hacer medible, con mayor precisión, el conocimiento de que todos estamos conectados, que todos somos uno; y al demostrar la ciencia esto, se permite a muchos de nosotros quitarnos nuestras propias anteojeras y empezar a explorar aquello que no nos habíamos dado permiso para explorar hasta ahora.

El psicólogo y filósofo estadounidense William James (también conocido como el padre de la psicología estadounidense), empezó su viaje por este camino de que todos estábamos conectados a través de un campo de frecuencias en su libro de 1902 *Las variedades de la experiencia religiosa: estudio de la naturaleza humana*. James descubrió que independientemente de qué tipo de experiencia mística tuviese una persona, incluso si se eliminaban los puntales religiosos, la experiencia era más que psicológicamente real. Identifica una «cualidad noética» y «estados de percepción en las profundidades de la verdad no sondadas por el intelecto discursivo».

Sin embargo, esta idea fue desbaratada temporalmente por Sigmund Freud, el neurólogo austríaco y fundador del psicoanálisis. Freud era un devoto ateo y no creía que fuese tarea de la psicología estudiar estos estados. Pensaba que su objetivo era curar problemas patológicos. Esta idea fue derrocada en la década de 1950 por Wilder Penfield, un neurocientífico y experto en la epilepsia. Al llevar a cabo investigaciones sobre la epilepsia, Penfield empezó a aplicar una suave sonda eléctrica a varias partes del cerebro. Cuando aplicaba la electricidad a la unión temporoparietal, vio que la gente empezaba a tener encuentros místicos como experiencias extracorpóreas, experiencias cercanas a la muerte y percepciones de la presencia de fantasmas o incluso de Dios: experiencias que eran biológicamente reales, que subrayan la importancia de este descubrimiento.

Y aquí nos encontramos hoy, no tanto en una encrucijada de la ciencia y la espiritualidad, sino con la comprensión de que con la Sanación Reconectiva entramos en el reconocimiento, retrasado durante mucho tiempo, de la confluencia de las dos. Es debido a esta razón que nuestro amigo y colega, el doctor Joe Dispenza, dice: «La ciencia es el lenguaje contemporáneo del misticismo». Aunque, irónicamente, una cantidad suficiente de la humanidad convencional empezó a recorrer este camino hace más de cien años, la idea ha sido ampliamente pasada por alto en deferencia con los conceptos psicológicos de Freud.

Imagina dónde estaríamos hoy si durante los últimos cien o más años hubiéramos vivido comprendiendo que todos y todo estamos interconectados, *haciendo evolucionar* la experiencia finita de la humanidad hacia la mayor expresión de unicidad y completitud. Como todos estamos interconectados a través de la experiencia de la consciencia, cuando nos volvemos versados en este reconocimiento de que nuestra verdadera naturaleza reside fuera del espacio y del tiempo, antes de toda experiencia conocida, podemos llevar la plenitud de nuestro ser a todas las experiencias tiempo/espacio activas y *afectar* a este espacio y tiempo finitos con pura belleza, amor, alegría y felicidad que, por supuesto, afectan a *todo* el espacio y el tiempo: no sólo al presente, sino también a lo que se percibe como el pasado y el futuro.

## Antes de las palabras y el lenguaje

Encontramos una exploración interesante del poder de la comunicación no verbal en el libro *Inteligencia intuitiva* (2005), de Malcolm Gladwell. Investigando cómo tomamos muchas decisiones en nuestra vida basándonos en muy poca información consciente, Gladwell argumenta que muchas de estas decisiones se basan en la comunicación no verbal, el lenguaje corporal, el tono, la expresión facial y más cosas. Sólo un pequeño porcentaje de la comunicación es, de hecho, verbal, lo que significa que la mayor parte del proceso de toma de decisiones procede de nuestro subconsciente.

Podríamos llamar a esta información procedente del subconsciente *instinto*: un conocimiento que existe más allá de nuestros cinco sentidos básicos. Podríamos reformular este conocimiento común diciendo que se trata de una sapiencia que existe antes de o como una adaptación a la limitación del lenguaje *frente* a nuestros cinco sentidos básicos.

Por lo tanto, pongámonos un poco metafísicos un momento —un poco existencialistas o espirituales—. En el mundo bien documentado de las Experiencias Cercanas a la Muerte (ECM, también conocidas como Experiencias de Vida Después de la Muerte), es muy común que la gente que experimenta una ECM informe de comunicaciones detalladas y en profundidad que se dan en ausencia de lenguaje verbal. Estas transmisiones (o descargas) son tan voluminosas como instantáneas. Oscilan entre cantidades copiosas de información transmitida mediante una simple mirada o un vistazo entre ellos y otras almas que habían fallecido y estaban presentes, hasta comunicaciones no verbales compartidas con La Luz incluyendo lo que se llama *Revisiones de la Vida:* la capacidad de repasar nuestra vida al instante... aunque puede que no se perciba como tan instantánea en ese momento.

De vuelta aquí en la Tierra, si revestimos ese tipo de comunicación de alto nivel e instantánea con nuestro lenguaje verbal, sería justo decir que nuestro vocabulario quizás no sea tanto una *ayuda* para este tipo de comunicación, sino más bien una *barrera* para él. Si estás de acuerdo con la idea de que la vida aquí en la Tierra es un viaje de aprendizaje que se va desplegando (un viaje de vuelta a nuestra mayor comprensión de nuestra verdadera naturaleza y de la experiencia del universo), quizás el lenguaje y la comunicación hablados sean uno de los obstáculos que se nos ponen para superarlos y así alcanzar la maestría en la vida.

Puede que el propio lenguaje sea el obstáculo disfrazado como la ayuda. Puede que ir más allá de la complejidad de las palabras y el lenguaje y entrar en la completa simplicidad de lo no verbal sea donde nuestras lecciones y nuestra comprensión esencial se revelen.

Esto hace que surja la pregunta: ¿Es el lenguaje hablado la caja de herramientas? ¿Son las expresiones faciales, el lenguaje corporal, los signos y los símbolos, los tonos vocales, etc., simplemente herramientas en esa caja de herramientas? ¿O es el lenguaje hablado simplemente una herramienta más entre todas ellas? ¿Y ha sido toda la comunicación que hemos estado teniendo aquí simplemente parte de un campo de comunicación más amplio, podríamos decir infinito, uno del que no estemos al tanto conscientemente aquí, en nuestra existencia humana en cuatro dimensiones, en nuestro cuerpo-mente finito?

Para empezar, encontramos información *en todo, en todos* y *por doquier.* La información es lo que permite que las cosas en nuestras realidades físicas tengan y mantengan ciertas propiedades como la fuerza, la flexibilidad, la rigidez, la forma general y la estructura, además de la interactividad y la intraactividad. La información indica a las funciones de ciertos elementos que existan en estado sólido, líquido o gaseoso. De lo macro a lo micro, la información lo indica todo: desde la estructura del Universo hasta las funcionalidades de nuestras células y la de las partículas subatómicas; y ya sabemos que la mayoría de nuestra comunicación de toda esta información es de naturaleza no verbal. Además, ahora la ciencia comprende, en gran medida, que estas comunicaciones no verbales existen en un campo al que nos referimos, desde una perspectiva materialista, como consciencia. En el camino directo hacia la sanación, esto es bastante paradójico, porque la consciencia no es una «cosa», no es un sustantivo, e insertar el sufijo «-ncia» a la palabra raíz «consciente» implica que lo es, y en ello yace la paradoja lingüística.

*Conversations with the light: A sharing by Joan Fowler, practicante de la Sanación Reconectiva.*

*«Una mirada, un gesto, una inclinación de la cabeza transmiten mucho.»*

*Cada ECM es diferente… pero muchas tienen similitudes, y una de las similitudes que hemos experimentado en las ECM es la comunicación no verbal.*

*Me gustaría compartir contigo mi ECM (Experiencia Cercana a la Muerte), que sucedió en 1989 cuando tenía veintinueve años. Estaba pedaleando por la autopista de la Costa Pacífico cuando, de repente, me golpeó un camión desde un lado. Me encontré flotando entre seis y nueve metros por encima de mi cuerpo, que se encontraba, físicamente, debajo del camión. No sentía dolor. Simplemente estaba observando, con curiosidad, a la multitud mientras flotaba por encima de ella. Observaba mientras la gente se agolpaba en círculo a mi alrededor y podía oír sus pensamientos. Era como si no hubiese nada oculto y dispusiese de la capacidad de ver la vida y los pensamientos de cualquiera de los espectadores en los que me centrara.*

*Pude oír tres tipos distintos de pensamientos por parte de la multitud. En el primer grupo, la gente quería ayudar, pero no sabía qué hacer. En el segundo grupo, la gente quería ayudar, pero tenía miedo de ser demandada; y el tercer grupo, de gente simplemente que se mostraba* curiosa. También pude oír el ruido de la ambulancia en la distancia. A mi derecha, sentí una presencia magnética de amor y paz. Mientras desviaba mi atención hacia esta hermosa, palpable y alegre luz, empecé a fusionarme con ella. Era como si las condiciones de los límites de mi cualidad física, de su existencia, estuviesen cayendo o desvaneciéndose.

A medida que me fui fusionando más completamente con la luz, pude sentirme en cada molécula de agua, en cada brizna de hierba, en todos los árboles, en el universo… No había ningún lugar en el que yo no estuviese. No había separación, todo era conocido y experimentado simultáneamente. Pude oír un sonido como un silbido y un zumbido al fondo. Las respuestas a cualquier GRAN pregunta que tenía sobre la vida, sobre la existencia, etc., me llegaron incluso antes de que pudiera formular la pregunta. Estaba experimentando una paz inmensa y una alegría extática simultáneamente. Pensé que esto era tan maravilloso que podría quedarme ahí para siempre. Inmediatamente, oí o sentí cómo una sapiencia me transmitía: «Sí, puedes quedarte», lo que implicaba que tenía elección… «pero ¿qué pasa con tu madre y tu abuela?».

En ese instante se abrió un vórtice y mi foco de atención se desplazó hacia él. Me sentí atraído de inmediato. Al final del vórtice, vi la ambulancia, que tenía mi cuerpo en su interior. Mi conciencia dio vueltas hacia el interior del vórtice y apareció en la ambulancia, donde vi a un técnico de emergencias médicas muy estresado que estaba sudando y se encontraba encima de mí, lleno de pánico y preocupado. Mientras me centraba en él, podía sentir su vida, podía ver a sus dos hijas pequeñas y podía percibir el amor que sentía por ellas y por su mujer. También pude ver que esa mañana había hecho tortitas caseras de plátano para ellas. Podía, de hecho, olerlas, y en ese instante lleno de olor, regresé a mi cuerpo. Él estaba aliviado y dijo: «¡Buf… casi le hemos perdido!».

Durante un tiempo tras el accidente, seguí experimentando una sensación de conciencia expandida en la que podía sentir cómo le estaba yendo a la gente en su vida. También estaba teniendo sueños reveladores que me transmitían profundidad de ser. Intenté explicarles a mis padres que estaba teniendo estas experiencias, y lo atribuyeron al hecho de que no llevaba casco ese día y que debía haber sufrido un traumatismo craneoencefálico. Me animaron a que me sometiera a un escaneo cerebral.

*Me llevó un tiempo recuperarme, ya que tuvieron que reconstruirme y reimplantarme el hombro. Muy cerca del final de mi recuperación, volvieron a llamarme de la Reserva del Ejército para el servicio activo, y me volví reacio a decir nada sobre el accidente o sus secuelas por razones obvias. Siempre confié en que la experiencia había sido verdadera y la entendí como una revelación a algún nivel.*

*Casi veinte años después de mi ECM, tomé el libro La reconexión: Sana a otros; sánate a ti mismo.*

*Experimenté, de inmediato, una fuerte corriente eléctrica en mis manos, cabeza y columna vertebral. Sabía que debía prestar atención. El libro me parecía tan familiar... era tan claramente cierto.*

*Al final programé varias sesiones de la Experiencia de Sanación Reconectiva en las que me encontré teniendo las mismas sensaciones que en mi experiencia cercana a la muerte, una paz y alegría increíbles e indescriptibles y muchas más cosas. Más información, más comprensión. Una vez más, la comunicación era inenarrable y no podía expresarse con palabras, pero el significado estaba claro: somos amor, somos luz y este es nuestro derecho de nacimiento. Empecé a comprender más plenamente la profundidad de la experiencia de hacía veinte años y estuve entusiasmado al tener la confirmación de que era real. A lo largo de mis siguientes Experiencias de Sanación Reconectiva sentí que todas mis preguntas recibían respuesta.*

*La Experiencia de la SR trajo equilibrio a mi vida y me ayudó a integrar completamente mi ECM y a despertar a un universo de posibilidades siempre en expansión. Ahora veo que esta conciencia expandida es esencial para nuestra evolución como especie, y es esencial para nuestra interconectividad y el discernimiento de los mundos que están por venir. Trae consigo la sabiduría de las eras, la sabiduría de vidas, y de múltiples existencias.*

*¿Por qué estoy compartiendo mi experiencia?*

*Averigüé que, estadísticamente, cuatrocientas personas por segundo en todo el mundo están teniendo ECM, EET (Experiencias Espiritualmente Transformadoras), EEC (Experiencias ExtraCorpóreas) y otras experiencias transformadoras durante las cuales se producen comunicaciones intensamente importantes y profundas sin palabras. La Sanación Reconectiva aporta contexto y comprensión a estas experiencias extraor-*

*dinarias, ayudando a la integración de la sapiencia y la conciencia expandida a muchos niveles. La Energía, Luz e Información son las frecuencias del hogar, y son reconocidas y recordadas intrínsecamente.*

*Esta experiencia común de amor y unicidad nos une mutuamente a niveles infinitos. Es un comunicado no verbal, un lenguaje sin palabras de «ser» que nos despierta a la conciencia infinita, nos imbuye de equilibrio y armonía. A medida que despertamos a nuestra verdad, nuestra vida se convierte en una Maravilla Mágica.*

*La consciencia existe de una forma relativa. Esto significa que puedes acceder a aquello con lo que estás alineado vibratoriamente o en sintonía. Todos somos parte de una consciencia colectiva de UNO con múltiples focos.*

*¿Comunicación con el Otro Lado? No hay un «otro lado». Sólo hay frecuencia y vibración… AMOR.*

## Globos de tiempo y multidimensionalidad

Dentro del paradigma del mundo actual de la física cuántica, vivimos en una época de lo que algunos llaman *medicina de la información* o, de forma más precisa, **sanación** *de la información*. La sanación de la información es más pertinente, porque el concepto tiene mucho menos que ver con la medicina que con el panorama más amplio de la sanación. Tal y como está empezando a reconocer el mundo, aunque la medicina puede pertenecer al reino de la sanación, la sanación no se limita a ni está dentro del reino de la medicina. Hay un gran cambio de conciencia en camino, aunque eso nos ha llevado mucho más allá de las limitaciones del enfoque químico y quirúrgico de la salud, mucho más allá de lo que se había considerado como el enfoque energético, y más hacia un enfoque informativo de la salud. Luz e información, para ser más exactos: la Experiencia de la Sanación Reconectiva, a través de las frecuencias de la Energía, Luz e Información, para ser preciso.

A medida que los investigadores empezaron a estudiar la Sanación Reconectiva, empezaron a hacer mediciones de las emanaciones que fluían e irradiaban de las manos de Eric y, poco después, de las manos de nuestros alumnos. Mientras observaban estas inusuales emisiones, los investigadores quedaron sorprendidos al ver que las emanaciones se volvían *más fuertes con la distancia*, en lugar de más débiles, como habían esperado, ya que sabemos que la energía se vuelve más débil con la distancia. También vieron que la mayoría de las sanaciones eran inmediatas y no se debilitaban con el tiempo, dejando claro que estaban viendo aspectos de la luz y la información que no habían visto nunca antes.

Un investigador explicó (y ésta es también nuestra explicación), que todos vivimos en un vasto universo multidimensional que no tiene principio ni final en el tiempo, la distancia y el espacio. Sin embargo, como seres humanos de carne y hueso, ocupamos una diminuta porción de este espectro multidimensional de realidad, lo que sugiere que nuestro carácter físico sólo existe en las cuatro dimensiones de la altura, la anchura, la profundidad y el tiempo.

Tal y como hemos mencionado anteriormente, no fue hasta alrededor del año 2000 cuando la ciencia acabó aceptando la teoría de Einstein de que el tiempo es la cuarta dimensión. Puede que parte de por qué llevó tanto tiempo aceptar esto fue la presunción de que si la altura aparecía en forma de alto, bajo, largo o corto; la anchura aparecía en forma de ancho o estrecho; y la profundidad aparecía en forma de profundo o superficial, la siguiente dimensión debía tener unas cualidades similares a las tres anteriores… pero no estaban buscando el *tiempo*. ¿Cómo podrían hacerlo? Nadie sabía, en realidad, qué *aspecto* tenía el tiempo. En realidad, quién iba a pensar: «¡Caramba! ¿La cuarta dimensión? De acuerdo, déjame pensar… La altura tiene este aspecto, la anchura tiene este otro aspecto, la profundidad tiene aquel otro aspecto… Humm… ¡Oh, ya lo tengo!… La cuarta dimensión debe tener el aspecto de un hombre anciano con barba, alas y una túnica, con una guadaña en una mano y un reloj de arena en la otra, y con un semblante aterradoramente parecido al de El Padre Tiempo (Cronos). ¡Esto, ciertamente, me hará ganar el Premio Nobel!».

Dejando las matemáticas a un lado, junto con un gusto cuestionable para la ropa y los accesorios, a primera vista el tiempo parecía ser una característica del mundo físico diferente de cualquier cosa que existe en la altura, anchura y profundidad. Eso sólo requirió de algo para acostumbrarnos a ello. Así pues, ¿cómo se relaciona el tiempo con nosotros en el aquí y el ahora, independientemente de cómo pensáramos que podría haberse relacionado con nosotros en la perspectiva lineal del ahí y el entonces? Un amigo, que es un físico cuántico, simplificó el concepto con un nuevo modelo.

Para comprender este modelo, visualiza un universo multidimensional enorme, vasto e interminable. Sin principio. Sin final. Entonces, en algún lugar de su interior, imagina un globo gigante. Ese globo está constituido por altura, anchura, profundidad y tiempo, y todo lo que hay dentro de ese globo es energía. El interior de este globo representa nuestro universo percibido y tetradimensional. En otras palabras, toda nuestra existencia humana tetradimensional está contenida dentro de ese globo.

Ahora, para expandir tu imaginación (y nuestro globo), imagina un punto. Imagínalo justo aquí, exactamente en el centro, en medio de ese globo. Desde ese punto central, imagina unas flechas con la punta de goma (de modo que el globo no explote) volando continuamente hacia fuera en todas direcciones hacia el revestimiento interior del globo. Estas flechas representan al tiempo desplazándose y acelerándose simultáneamente en todas direcciones. Sabemos qué estás pensando: ¿Cómo podemos decir que el tiempo está acelerándose o moviéndose más rápido cuando *más rápido* es, de hecho, una faceta del tiempo? En primer lugar, necesitamos comprender que el tiempo no se está moviendo más rápido de una forma lineal, como en el caso de ir del punto A al punto B. En lugar de ello, el tiempo se está moviendo más rápidamente en todas las direcciones imaginables, *todo ello a la vez.*

Así, en esta metáfora visual o gráfica, imagina estas flechas de tiempo que se mueven velozmente generando una presión creciente a medida que cada una contacta con el interior de nuestro globo, dando como resultado su expansión cada vez mayor.

Al igual que sucede con cualquier globo que se expanda, sus paredes se vuelven más finas, más transparentes, más permeables y más porosas. Como resultado de ello, lo que existía en el interior de nuestro globo tetradimensional es ahora capaz de interactuar con lo que existe fuera de él. Por lo tanto, ¿qué hay *fuera* del globo que puede ahora *penetrar* en el interior? La respuesta, según los investigadores, es: *otras capas dimensionales que contienen aspectos de luz e información que, hasta los últimos treinta años, la ciencia no parecía indicar que hubiéramos presenciado antes.* ¿Por qué? Porque estas facetas de la luz y la información sólo existían *fuera* de esta burbuja, fuera del *tiempo*, en el *Antes-Más Allá.* Así que la energía de nuestra existencia tetradimensional está expandiéndose hacia, recibiendo e interactuando con no sólo nuevos aspectos de la energía, sino con nuevas facetas y frecuencias de luz e información. *Eternas* porque *siempre han existido* fuera de nuestra burbuja tetradimensional de altura, anchura, profundidad y tiempo, pero *nuevas* porque ésta es su primera aparición dentro de esta burbuja metafórica.

Esto es tanto poderoso como destacable, porque nos está guiando hacia nuestra existencia como seres eternos. Nos está liberando de los requisitos y las limitaciones del *hacer*, y llevándonos a la libertad de *ser*: una libertad que muchos de nosotros estamos aprendiendo a experimentar, con la que estamos empezando a sentirnos lo suficientemente cómodos para abrazarla. No hay forma de encontrarle sentido a esto con las leyes estándar de la física, aunque la física cuántica está esforzándose por hacer más avances para explicarla.

Revisemos lo que acabamos de explicar:

A. el tiempo se está moviendo más rápidamente, lo que quiere decir que;

B. el tiempo se está expandiendo, conduciéndonos al hecho de que;

C. el tiempo está desapareciendo, lo que en último término nos lleva a la comprensión de que;

D. el tiempo es y siempre ha sido una ilusión.

¿Intrigado? También lo estuvimos nosotros. Aquí es donde entramos en algunas vicisitudes interesantes.

Si el Universo se está expandiendo de esta forma, ¿por qué *no* somos capaces de acceder a él a través de nuestras técnicas de sanación de la energía actuales y aceptadas, y pese a ello somos capaces de acceder a ello a través de la Experiencia de la Sanación Reconectiva *a medida que nos desprendemos de la técnica*? Para responder a eso, visualicemos de nuevo nuestro globo.

Recuerda que todo dentro de nuestro globo tetradimensional es energía. Cada vez que nos centramos en la energía usando una técnica, la técnica nos permite centrarnos sólo en una porción de la energía que hay en el globo en lugar de permitirnos el acceso a la totalidad de esa energía. No supone mucha diferencia *qué* técnica usemos, incluso aunque la técnica diga que accedemos al *qi*, el *ki* o el *prana* o cualquier otro nombre que implique la totalidad de la fuerza vital. Eso es porque *la propia técnica* es lo que limita nuestro acceso pleno. Aunque la técnica puede *garantizarte* un acceso introductorio, al mismo tiempo limita tu área general de acceso. Es irónico cómo los mismos criterios que te permiten entrar, pueden también retenerte. Sentimos esta limitación subconscientemente, lo que a su vez nos seduce para seguir aprendiendo nuevas técnicas.

Al igual que pasa con las patatas fritas, no puedes comerte sólo *una*. Si comes las suficientes, puedes llegar a un punto transitorio en el que no quieras comer más, pero pese a ello nunca estás realmente saciado, satisfecho o lleno durante mucho tiempo, porque no proporcionan mucho sustento realmente. Así pues, al final tienes que ir a la búsqueda de otra y otra más. ¿Y mañana? ¿Quién sabe? Quizás otra bolsa entera de patatas fritas. Puede que esta vez de sabor a crema agria y cebollino.

Prueba con esta idea. Piensa en la totalidad de la energía como en una bolsa de canicas (una bolsa *grande* de verdad) y que puedas tener acceso a toda ella; pero que cuando uses una técnica, te limite, dándote *acceso* a sólo una de esas canicas, en lugar de a todas ellas. Prueba con otra técnica y obtendrás otra canica, pero no al resto de ellas, y ni siquiera la que conseguiste con la técnica anterior. Cada técnica nos permite tomar una canica y nada más que una, y el resto de ellas, incluso a las que accedimos con todo el resto de técnicas, se disipan. Tal y como dijo Pablo Picasso: «Cuanta más técnica tienes, menos tienes... Cuanta más técnica hay, menos hay». Aunque estaba hablando del arte de la pintura y el dibujo, esto es igualmente aplicable al arte de la sanación.

Una visión general de la religión nos aporta otra analogía. En el mundo hay muchas religiones, cada una de ellas con una ventana hacia distintos conocimientos, dimensiones y perspectivas de la naturaleza de Dios, el Amor y la Inteligencia del Universo.

Mucha gente crece toda su vida mirando al mundo sólo a través de una de estas ventanas: posiblemente la misma ventana por la que miraban sus padres, abuelos y bisabuelos. Muchos esperan que sus hijos, y los hijos de sus hijos, miren a través de esa misma ventana. Una ventana puede que dé a una iglesia, otra a una sinagoga, otra a una mezquita y otra a un templo o quizás a un santuario u otro lugar de adoración. Puede que otras ventanas den a la naturaleza, como por ejemplo playas, árboles y montañas.

Mucha gente que mira al exterior por la ventana que ha escogido quiere, cree y/o está comprometido con su ventana, considerando que se trata de la ventana *correcta*; porque si resultara que la ventana de *otra persona* fuera la correcta, eso podría significar que la suya es incorrecta, y esa posibilidad tiene el potencial de invalidar el punto de vista de todo su linaje familiar. La perspectiva de que podríamos estar mirando por la ventana incorrecta es tan terrible que frecuentemente luchamos, discutimos e incluso matamos y asesinamos a otras personas que tienen unas vistas distintas por su ventana.

Pero digamos que un día el destino llega en forma de una nueva amistad. A medida que vamos intimando con este nuevo amigo, nos damos cuenta de que está mirando por una ventana diferente. Pese a ello, algo en nuestro interior nos permite sentirnos tan bien, cómodos y conectados con esta persona que decidimos echar un vistazo *rápido* por su ventana. Simplemente un vistacito rápido. Quizás «*el más breve de todos los vistazos*», nos decimos a nosotros mismos. Pese a ello, en ese momento de apertura y percepción, vemos *algo… algo* que al principio parece ser un poco distinto a lo que hemos estado acostumbrados a ver. La curiosidad se filtra y empezamos a contemplar la *posibilidad*, sólo la posibilidad, eso sí, de que algo que veamos por su ventana pueda ser un *aspecto distinto* de lo que hemos estado viendo toda nuestra vida a través de nuestra propia ventana. Es algo nuevo, algo probablemente familiar, como otra faceta; pero eso no es una contradicción.

Como resultado de ello, nuestra comprensión cambia y nos damos cuenta de que, si la ventana de otra persona muestra otro aspecto del mismo cuadro al que hemos estado mirando, eso no es necesariamente conflictivo ni contradictorio en absoluto. En lugar de ello, puede que simplemente se trate de una *expansión* de nuestro punto de vista, una *iluminación* más de nuestro punto de vista. Puede que haya una iglesia *y* una sinagoga, quizás haya una playa *y* una montaña. Puede que quedemos tan intrigados que decidamos empezar a buscar algunas ventanas más, y luego algunas más y que esto, a su vez, haga crecer y expanda nuestra perspectiva sobre Dios, el Amor y la Inteligencia del Universo.

Pese a ello, si miramos por todas y cada una de las ventanas, no será suficiente con ver todo el panorama, porque cada vista está limitada por el marco de la ventana e incluso todavía más por la pared que sostiene al marco. En realidad, es sólo cuando estamos dispuestos a salir al exterior (hablando figuradamente), más allá de las limitaciones de las ventanas, los marcos, las paredes, los suelos y los techos, e incluso cuando quizás subamos a la azotea, cuando podremos, de repente, mirar en todas direcciones.

¿Pero qué sucede si llevamos el marco de nuestra ventana a esa fiesta en la azotea, si intentamos *añadir* técnica a lo que, de otro modo, está libre de técnica? ¿Se convierte en una suma o en una resta? ¿Puede expandir nuestro punto de vista? Por supuesto que no. Todo lo que puede hacer es contraer nuestro punto de vista para que encaje *dentro* del marco.

Con respecto a la sanación de la energía, las técnicas *son* marcos de ventana. Con respecto a un globo de energía, las técnicas nos mantienen limitados a subconjuntos específicos de esa energía.

En el mundo de la sanación de la energía, el factor limitante no es la técnica *concreta*, sino *la propia técnica*. Después de todo, es la técnica la que coloca el marco alrededor de nuestra vista. La limitación no yace en ningún marco de ventana concreto por encima de otro. Es el empleo del marco de la ventana, de cualquier marco de una ventana, el que limita nuestra perspectiva.

Como la Sanación Reconectiva *no* es una técnica, nos liberamos del constructo del marco en su conjunto. Esto nos proporciona múltiples dones a múltiples niveles. En primer lugar, nos permite acceder a *toda* la energía en el interior de nuestro globo tetradimensional. En segundo lugar, *cómo* podemos acceder a la energía en su totalidad, ya que nuestro globo sigue, con el tiempo, expandiéndose y volviéndose más permeable, evolucionamos más allá de la energía tal y como la hemos conocido y hacia la eternidad de la nueva luz e información:

Esto significa que ya no estamos limitados a subconjuntos de energía en un globo, a una canica concreta de una bolsa, o a segmentos o porciones de sanación, de fuerza vital o de El Que Es. Liberándonos de la técnica, entramos en:

A.- La totalidad de la energía, que nos lleva hacia…

B.- Los nuevos aspectos de la luz y la información, que nos conducen hacia…

C.- Nuestra existencia eterna.

Esto puede muy bien explicar cómo, a través de la Sanación Reconectiva, la revitalización tiende a darse muy de inmediato, incluso en el caso de la gente que ha experimentado problemas de salud durante décadas, y a veces *especialmente* para ellos; y como las sanaciones son mediadas fuera del tiempo y el espacio, esto puede muy bien explicar por qué las sanaciones tienden a durar toda la vida, cómo no se ven debilitadas ni menguadas en forma alguna por el tiempo, y por qué la gente sanada no necesita, normalmente, regresar para retoques, realineamientos o sanaciones de mantenimiento una y otra vez. Realmente, ¿dónde se encuentra la libertad inherente a la sanación si promueve una relación de dependencia?

## Resumen: Las características de *ELLO*

Las frecuencias de la Sanación Reconectiva son bastante inconfundibles, ya que se comportan de forma principalmente uniforme, y sus efectos pueden observarse y presenciarse fácilmente. Así, con la Experiencia de la Sanación Reconectiva, aunque en un sentido tiene que ver con tu *experiencia* con las frecuencias, en otro sentido tiene más que ver con tu r*elación* con ellas. Lo que queremos decir con esto es que mientras *ELLO* se pondrá de manifiesto de su propia manera para tu mayor bien, las características de la interacción son constantes, altamente repetitivas, físicas, sensoriales, visibles y, al mismo tiempo, únicas para cada persona. Si debiéramos reducir estas características a sus interacciones más predecibles, serían:

- *Recibimos* las frecuencias, no las *enviamos*.
- Las sanaciones tienden, generalmente, a durar toda la vida.

- *No se requiere de una técnica* para acceder a ellas. De hecho, la técnica inhibe nuestras capacidades de acceder a ellas plenamente.
- *ELLO* es omnisciente, *ELLO* sabe exactamente dónde ir, qué hacer y cómo hacerlo.
- *ELLO* es tangible y observable. Puedes demostrar que *ELLO* existe, incluso aunque no puedas encontrar *SUS* parámetros. Así, aspectos de *ELLO* son medibles, razón por la cual *ELLO* es reconocido por la ciencia, incluso sin que haya un principio y un final, que son características que describen la infinidad.
- Las frecuencias se vuelven más fuertes con la distancia.

Aunque aporta sanaciones para trastornos que van desde problemas físicos hasta una falta de claridad mental o emocional y hasta corazones rotos, huesos fracturados y todo el camino hasta el nivel de la reconexión y la reestructuración de *nuestro* ADN, el ADN de *generaciones futuras* y *la evolución de la humanidad*, *ELLO* crea coherencia, y eleva la emisión de luz en cada átomo de tu cuerpo. *ELLO* no requiere de tus indicaciones ni de tu orientación. En lugar de eso, *ELLO* sabe exactamente qué debe hacerse para llevarte a un equilibrio inconmensurablemente mayor a todos los niveles: mental, física, emocional, espiritual, evolutivamente y más allá; y debido a su naturaleza completa como totalidad y unicidad, *ELLO* comprende, transciende y te aporta los dones de todas las formas conocidas de modalidades de sanación de la energía.

Debido a la naturaleza personal a la que interactúan estas frecuencias, dependiendo de a quién le preguntes, obtendrás respuestas fascinantes, persuasivas, intrigantes y *excepcionalmente diferentes* sobre cómo estas frecuencias les benefician. Además, descubrirás que la sanación mental, física, emocional y espiritual no es tan fácil de describir como esas cuatro palabras nos podrían hacer pensar. Salen con facilidad de nuestra boca, frecuentemente sin pensarlo mucho, pero pese a ello, cada una de ellas contiene una sorprendente profundidad, niveles, capas y complejidades que tendemos a pasar por alto. En la recitación aparentemente manida, repetitiva y de memoria de estas palabras, frecuentemente nos permitimos desensibilizarnos a la profunda naturaleza de lo que expresan. Proporcionarles algo de introspección puede potenciar lo que nos permitimos recibir y, por lo tanto, recibir a los demás.

A nivel mental y emocional, probablemente pronto te darás cuenta de que *ELLO* te ha proporcionado una mayor serenidad, armonía, paz y una comprensión más profunda de cómo puedes interactuar con los demás. Esto tiende a transformar las relaciones más difíciles al tiempo que permite que surjan otras más profundamente satisfactorias, ya sean viejas, nuevas o renovadas. Otros informan de que la interacción de su cuerpo físico con *ELLO* dio como resultado una mejor resistencia, energía y aguante, y que corrigió problemas físicos y discapacidades que padecían, incluso desde su nacimiento.

A nivel espiritual descubrirás, con toda probabilidad, un nuevo reconocimiento de la sapiencia y una certeza muy profunda de que nos encontramos en un proceso continuo de cocreación, facilitación y evolución hacia una mayor expresión de gracia, alegría y amor.

Como resultado de tu interacción con *ELLO*, desentierras y experimentas directamente una nueva comprensión de tu multidimensionalidad. Una vez que aprendas cómo reconocer las frecuencias, tu conciencia permitirá que *ELLO* esté *siempre* disponible, sea alcanzable *por doquier*, en una experiencia de amor *incondicional*.

El penúltimo beneficio de trabajar con, recibir y sincronizar con *ELLO* es la revelación de nuestra mayor expresión de nosotros mismos, como individuos y como el colectivo de la humanidad. Al igual que una *matrioshka* (muñeca rusa) con anidamiento infinito, hay un número indeterminado de capas de comprensión que descubres sobre ti mismo cuanto más te sumerges en este lenguaje sin palabras, incluyendo el abrir un nuevo entusiasmo para tu propósito en el mundo.

Otro beneficio precioso es que te aporta la oportunidad de ser de ayuda llevándote a ti mismo y a otra persona a mayores niveles de nuestro *nuevo conocimiento* expansivo. En el proceso te sanas a ti mismo; y a medida que te sanas a ti mismo, sanas al mundo.

Aquí tenemos una revisión de algunos de los ítems de este capítulo. Al principio puede que parezca una breve lista, pero a medida que te permitas explorarla de verdad, te encontrarás con que es bastante detallada.

Hemos hablado del Antes-Más Allá, funcionando fuera de los reinos del ego, con su existencia reconocida no medible por completo por la ciencia, la búsqueda de parámetros en aquello que carece de parámetros, la conciencia, la simplicidad, el lenguaje carente de lenguaje, las dimensiones que se encuentran más allá de las dimensiones y, en último término, ser conscientes de que somos conciencia. Hemos visto que nuestra verdadera naturaleza reside fuera del espacio y el tiempo, y hemos descubierto la interconectividad a través de la experiencia de la consciencia. Hemos estudiado los globos de tiempo y los dones no lineales de recibir en lugar de enviar. Ahora juguemos con algo en lo que entraremos en mayor profundidad en el siguiente capítulo… un portal hacia un universo recíproco.

**Ejercicio 2:**
**Escucha activa / Conciencia activa: Una exploración**

La conciencia activa es imperativa para la Sanación Reconectiva.

En primer lugar, abordemos una pregunta obvia: ¿Cuál es la diferencia entre la conciencia activa y la conciencia pasiva? Una diferencia consiste en que la conciencia pasiva tiende a requerir de no mucha conciencia centrada. Por ejemplo, si un vaso se cae de una estantería de tu cocina, probablemente no tengas que prestar mucha atención para percibir el ruido que hará cuando se estrelle contra el suelo. El sonido captará claramente tu atención.

Ahora incrementemos un poco la dificultad y llevémoste a la conciencia *activa*. Haremos esto mediante un ejemplo de escucha activa. Para este ejercicio, encuentra un lugar cómodo con pocas o ninguna distracción. Puedes escoger cerrar los ojos durante partes de este ejercicio, por lo que, obviamente, no intentes hacer esto mientras estés conduciendo, manejando maquinaria pesada o haciendo cualquier otra cosa que requiera que tengas los ojos abiertos para prestarle una atención total. Para empezar, siéntate cómodamente en algún lugar y cierra los ojos durante aproximadamente 15-20 segundos.

Ahora permítete percibir los sonidos del ambiente que puedan estar presentes. Al principio quizás captes los ruidos de niños jugando, o de un coche que pase, y posiblemente los sonidos de los pájaros. A continuación, permite que tu conciencia capte algunos de los rumores más sutiles procedentes de la habitación en la que te encuentres o que vengan de otra habitación, como el ruido producido por tu nevera u otro electrodoméstico: ese sonido como el de un zumbido al que te hayas acostumbrado tanto que ya no reconozcas siquiera que está ahí.

Bien. Ahora abre los ojos, relájate y permítete recordar los sonidos que acabas de captar. Al hacer esto estarás iniciando un nuevo paso hacia un espacio de escucha más activa, un espacio de conciencia más activa.

A continuación, vuelve a cerrar los ojos y escucha esos sonidos una vez más. Esta vez, intenta captar distintas texturas, dimensiones y capas de sonidos que se den simultáneamente. Trata de escuchar facetas de un sonido que sean regulares y fluidas y otras que sean más entrecortadas. Intenta captar melodías y armonías, componentes más agudos y más graves, cualidades y características que se superpongan.

Mientras te permitías explorar estos sonidos en mayor detalle, quizás te dieras cuenta de que tu cuerpo empezaba a adaptar automáticamente su postura en relación con el sonido. Puede que tus ojos se movieran hacia la izquierda, la derecha, arriba o abajo. Se trata de ti accediendo a distintas partes de tu cerebro. Esto te proporciona acceso a distintas partes de tu conciencia. Al hacer esto puedes incrementar tu conciencia activa y tu escucha activa.

Probémoslo una vez más, pero en esta ocasión, después de que cierres los ojos, *inclina intencionadamente la cabeza ligeramente* de nuevo hacia un lado u otro. Permite, con conciencia, que tus ojos se muevan hacia arriba o hacia abajo, y hacia la derecha o la izquierda. Permítete, con conciencia, y durante los próximos 15-20 segundos, explorar esos sonidos en un detalle incluso mayor. Intenta captar el carácter y la cualidad, y tómate et tiempo para observar texturas, tonos y capas de sonido. Lo más probable será que ves que puedes captar y volverte consciente de incluso más aspectos, detalles y complejidades de los sonidos que estabas percibiendo antes. ¡Felicidades! *Estás elevando tu nivel de conciencia activa.*

Al principio, puede que este ejercicio parezca consistir en *escuchar*, pero tiene que ver con mucho más que eso. Consiste en *sentir, la conciencia,* y *recibir,* la suma de los cuales te permite entrar en un estado de *receptividad.* ¿Qué estás recibiendo? Frecuencias, vibración y resonancia a un nivel más consciente.

Al interactuar con las frecuencias de la Sanación Reconectiva, ya sea como facilitador, como paciente o simplemente estado abierto, recibiendo y explorando tu ser como conciencia (en escucha activa), permites que tu ser exprese SU verdadera naturaleza en la vida cotidiana de forma más constante.

1. ¿Qué he aprendido de este capítulo?
2. ¿Qué he descubierto con este ejercicio?
3. ¿Qué ideas son nuevas para mí?
4. ¿Qué ideas son distintas de lo que hubiera podido haber pensado?
5. ¿Qué ideas estoy considerando o contemplando ahora?
6. ¿Qué ideas son las que me parecen más naturales?
7. ¿Con qué ideas o conceptos tengo más dificultades o encuentro que aceptarlas me supone el mayor desafío?
8. ¿Con qué ideas o conceptos tengo más dificultades o encuentro que comprenderlas me supone el mayor desafío?
9. ¿Cuáles de mis anteriores convicciones e ideas encuentro que suponen el mayor reto en cuanto a dejarlas ir y desprenderme de ellas?
10. ¿Qué ideas y conceptos encuentro que son los más liberadores y empoderadores?
11. ¿Qué me ha permitido descubrir ya mi voluntad de no conocer? ¿Y en qué me ha permitido convertirme?
12. ¿Qué me permitiría descubrir en el futuro mi voluntad actual de no conocer? ¿Y en qué me permitiría convertirme?

*Responde a las preguntas anteriores con tus pensamientos, tus posibles respuestas, explicaciones, ideas, etc., lo mejor que puedas.*

*Si no sabes cómo responder a algunas de las preguntas anteriores o simplemente no dispones de las palabras, hemos diseñado un sistema de «rellenar los espacios» a continuación para que te ayude.*

1. No estoy seguro de saberlo, pero si lo supiera, la respuesta podría ser _____.
2. No acabo de disponer de las palabras para explicar esto, pero si las tuviera, podrían ser _____.
3. No acabo de disponer de las palabras para describir esto, pero si las tuviera serían _____.

# CAPÍTULO 3

# EL DON DE RECIBIR

*«No eres una gota en el océano. Eres todo el océano en una gota.»*

RUMI

Mientras lees esto, estás *recibiendo* a un nivel consciente, aunque no *sólo* a un nivel consciente. A nivel inconsciente estás recibiendo oxígeno, que hace que tus pulmones se expandan, abastece a tu sangre y tus órganos, y te mantiene vivo. A nivel cuántico, estás compuesto por infinitos campos de energía y recibiendo nuevos aspectos de luz e información.

A lo largo de este capítulo, queremos que experimentes una conversación orientada. Imagínate, por un momento, de pie y descalzo en el borde del océano, mirando hacia la inmensidad del agua que se extiende hacia el horizonte. Es, al mismo tiempo, hermoso, expansivo, majestuoso e inspirador; y mientras es todas esas cosas es, a la misma vez, el hogar de todo un mundo bajo su superficie.

Ahora mírate los pies. Donde las mareas suben y bajan existe una línea que separa el océano de la tierra firme. Date la vuelta y verás la tierra, con sus montañas, ríos, valles, flora, fauna y lagos. Es todo tan hermoso. Expansivo, majestuoso, inspirador. Distánciate más y eleva tu vista hacia el espacio. Debajo tenemos algo incluso *más* hermoso, expansivo, majestuoso e inspirador: toda la Tierra. Al observar el planeta desde esta perspectiva, puedes ver que los océanos y las tierras son dos aspectos que conforman el todo. De forma muy parecida al símbolo del infinito, las partes existen en una interacción inherentemente compartida que ilustra que no puedes recibir sin dar ni dar sin recibir. Este es el significado de la conexión con su campo de energía en cuanto a su relación con la Experiencia de la Sanación Reconectiva.

## Más de un circuito

Con la aparición de las redes sociales, provocando que algunas personas clasifiquen su valía según los «me gusta» que reciben y el número de visitas a sus páginas, parece como si estuviéramos viviendo en una época muy centrada en *uno mismo*. «Yo mismo» es el lenguaje de la separación tan frecuentemente mal entendido. A veces pensamos que la gente percibe la idea de recibir como algo egoísta. En un intento por hacer girar el péndulo contra las mareas de un mundo del *yo-yo-yo*, están aquéllos que creen que necesitan *dar-dar-dar* y *sólo* dar. Como recibir y dar son aspectos de la misma interacción, nuestro lenguaje lineal en torno a esta idea nos tiene, una vez más, en una verdad invertida.

Parece que incluso el significado de «recibir» se ha corrompido de algún modo a través del lenguaje y el uso actual, cuando en realidad su significado etimológico es algo bastante claro.

En su esencia más pura, recibir es *aceptar* para su posesión algo que es ofrecido o entregado. Otra forma de fijarse en ello es que algo nos sea *otorgado*. Pese a ello, muchos han confundido recibir con *tomar*. Otra vez con el mismo cuento. No te creas todo lo que oigas y pienses. Nuestro uso del lenguaje verbal puede generar confusión.

Con respecto a la Experiencia de la Sanación Reconectiva, tomar supone una distorsión completa de la interacción. De hecho, el concepto de la conexión con su campo de energía no tiene nada que ver en absoluto con tomar. En lugar de ello, recibir es el *punto de unión* definido para que las frecuencias se pongan de manifiesto en esta dimensión. Esto se da *a través* del receptor.

Lo cierto es que tendemos a pensar en y a entender nuestra vida humana como algo lineal, gracias, en no pequeña parte, a la limitación de nuestras percepciones, sentidos y sentimientos, que en último término dan lugar a muchas de nuestras convicciones.

Por lo tanto, parece haber un elemento casi transaccional en la vida: la percepción es que nacemos, vivimos, disfrutamos de algunas experiencias felices, tenemos algunas experiencias no tan agradables, es de esperar que amemos, y luego nos morimos (de acuerdo, podríamos haber descrito esto de forma un poco más poética, haber añadido algunas bodas y comuniones e incluido la parte en la que regresamos y lo hacemos todo, una vez más).

También podemos llevar esto a un nivel mucho más profundo. El pensamiento actual en la nueva física cuántica sugiere que, de hecho, reciclamos entre cincuenta y setenta mil millones de células de nuestro cuerpo cada día. Pasamos de la partícula a la onda o, dicho de otra forma, a la completitud con todo el universo cada porción infinitesimal de tiempo.

Todo esto puede incluso plantear, finalmente, la GRAN pregunta... A un nivel atómico (o a cualquier nivel) ¿realmente morimos alguna vez? ¿Somos, a sabiendas, una ilusión, de algún modo? ¿Somos la modulación infinita de Energía, Luz e Información que parecen reales en nuestra experiencia? Por ahora, estudiemos la experiencia de la sanación dual. Especialmente en las artes de la sanación, recibir suele percibirse como algo lineal. Por ejemplo, en una sanación, hay un intercambio transaccional entre el sanador y el sanado. La dinámica implícita es que el sanado se encuentra en una posición de carencia o de falta de completitud, y el sanador tiene el remedio y, por tanto, el *acuerdo* es que el sanador va a *enviar* o *transmitir* una sanación a la persona que carece de completitud. *¡Pero esta es una idea de la sanación de la energía obsoleta!*

La sanación es una manifestación de la consciencia infinita, la fuente del universo. En este intercambio, el sanador y el sanado se convierten en más de lo que son como individuos aparentes o percibidos, y durante todo el tiempo interpretan el papel de la inspiración infinita.

Dos...
que no son dos...
que se unen.

Esto es parte de lo que puede parecer un *aspecto* de un viaje circular que empieza y acaba en el mismo lugar. Sin embargo, *esta interacción no empieza y acaba en el mismo lugar, como lo hace un circuito simple.* Su conexión con su campo de energía es *continua* y, por lo tanto, una espiral resultaría una imagen más apropiada. Como representación matemática del orden universal, la espiral se basa en lo que se llama la *Proporción Áurea.* Según Jonathan O'Callaghan, de Mailonline: «Investigadores sudafricanos han afirmado que el universo está gobernado por una proporción áurea. Dicen que el propio espacio-tiempo está definido por una constante matemática».

## Dando vueltas fuera de control: *¡Gracias a Dios!*

Mediante nuestra comprensión de la Proporción Áurea, la espiral puede ser una de las formas en las que podemos visualizar mejor un universo en expansión, aunque incluso eso es la única experiencia de una realidad: la consciencia. Siempre es infinita y no es cambiada por ninguna experiencia, incluyendo nuestra propia expansión percibida.

Las Pirámides de Guiza y la Mona Lisa de *Da Vinci* fueron diseñadas usando la Proporción Áurea. Las flores, las caracolas, las abejas y el cuerpo humano muestran la Proporción Áurea. Y la lista sigue. Sin embargo, la espiral sólo es una buena imagen *inicial* para ganar perspectiva sobre el concepto triple del intercambio de Energía, Luz e Información en la Experiencia de la Sanación Reconectiva, porque en su diseño sigue siendo lineal, mientras que el intercambio de la sanación *no lo es.*

El lugar de origen y compleción de la espiral es energía de la Fuente, Dios, el Amor, la Inteligencia Universal infinita o, tal y como sabemos que es: Energía, Luz e Información. Cuando recibimos en nuestro interior la sanación, no se trata de un intercambio que se esté produciendo, sino más bien de *una reorganización, una recepción (conexión con el campo de energía), un murmullo… hacia un nuevo algo conocido.*

Antes de que hablemos de las dinámicas del *cómo*, es importante hablar de la idea de la completitud en el contexto de la sanación.

## *Despertar* a la completitud

Mucha gente tiende a pensar en la idea de la sanación como en un regreso a la completitud. Esa definición implica, incorrectamente, que nos encontramos en un lugar de carencia. Queremos redefinir esta concepción de la sanación y explicar que no se trata de un *viaje hacia* la completitud, y tampoco es un *retorno a la completitud*: consiste en nuestro *despertar a* nuestra siempre presente completitud. Esta completitud está, siempre ha estado y siempre estará ahí. Simplemente ha estado escondida, oculta en las circunstancias de nuestra existencia finita, y eso puede mostrarse en la expresión y la actividad de quiénes parecemos ser física, mental, espiritual y emocionalmente en la vida.

A pesar de los mensajes con los que nos alimentan por la fuerza cada día sobre cómo la mayoría de nosotros estamos rotos y necesitados de arreglos, en el meollo de la Sanación Reconectiva se encuentra este conocimiento fundacional. Somos, siempre hemos sido y siempre seremos completos. Pero en los interminables mensajes sociales sobre necesitar arreglarnos, puede resultar difícil reconocer la implicación desempoderadora de que debemos sanarnos y/o ser sanados antes de poder facilitar la sanación a otros. Esto no es recepción (conexión con el campo de energía), sino una *ilusión basada en el miedo*.

Si padecemos la enfermedad de Parkinson, un soplo cardíaco, una cojera, tos o un uñero, ¿debería eso, realmente, permitirnos cuestionar si somos aptos o somos lo suficientemente dignos de formar parte de la ecuación de la sanación para otros? *¿En serio?* ¿Queremos realmente que la inseguridad de esa falsa creencia nos reprima de compartir el don de la sanación? Una vez que reconozcamos que somos innatamente dignos e infinitamente plenos, cualquier pensamiento de que debemos primero recibir y demostrar nuestro completo bienestar antes de facilitar sanaciones a otros será, en el mejor de los casos, infundado. Ha llegado el momento de que pasemos a la comprensión de que buena parte de nuestra sanación procede de facilitar la sanación de otros. Si esperamos a sanarnos nosotros mismos o algún aspecto de nosotros mismos que creamos que es deficiente antes de pasar al papel de sanador, estaremos poniendo nuestra propia sanación en espera y, al mismo tiempo, privando al mundo de un don que cada uno de nosotros tiene que ofrecer en este momento.

Afortunadamente, la Experiencia de la Sanación Reconectiva desmantela la necesidad percibida de estos pasos secuenciales, convicciones condicionales y rituales. Este es un gran salto hacia adelante. Eliminando estos recintos innecesarios en los que tendemos a escondernos, los que erosionan nuestra confianza, accedemos a nuestra naturaleza interior innata como sanadores y recuperamos nuestra completitud de verdad.

## Nuestra completitud es nuestra santidad

Nuestra completitud es esa parte de nosotros que recuerda y sabe que existimos por doquier y que estamos interconectados a todos y a todo, *uno* con todos y con todo. Nuestra transparencia es una expresión de nuestra voluntad de ser testigos y de revelar esto.

Esa revelación (en latín, *revelare* significa «exponer»: es decir, lo que recuperamos con el don de la conciencia directa) no es algo procedente de la niñez o de una vida anterior. Lo que recuperamos es la *pura existencia del yo irreductible* que existe antes-más allá sin la limitación del espacio y el tiempo. Es la interconectividad de la carencia de forma experimentando la organización de nuestro cuerpo como materia y forma, materia y no-materia, *SU* santidad, *SU completitud*.

Como recipientes conscientes, como materia con conciencia conectada a todo y todos, no hay necesidad de percibirnos como entidades distintas simplemente porque lo mental-la mente y el ego creen esa ilusión; especialmente porque somos, en realidad, experiencias integrales de *una* Entidad.

Puede que te encuentres formulando la pregunta: «Si estoy conectado a todo y formo parte del conjunto, entonces, ¿quién soy yo como individuo y qué papel desempeño?». ¡El papel que desempeñas es la EXPERIENCIA! Y tu papel, como luz creada por luz, consiste en crear y hacer nacer *más* luz a partir de la luz. O de forma más poética compartida con nosotros: «Nunca dudes de la luz y del amor que surgen *en forma de ti* cada día; duda de la ilusión mental que intente convencerte de otra cosa» (Anónimo).

Puede que nuestra gran fascinación con desempeñar nuestro papel individual aparentemente estelar (más que el de nuestros papeles como uno con el todo mayor) sea, para empezar, lo que generó la percepción de un *todo* hecho pedazos.

## Las dinámicas de conexión con el campo de energía de la ESR

Si tuvieras que encender una vela, primero debe recibir fuego de una fuente. Una vez encendida, la luz de la vela emite una esfera de luminosidad que irradia hacia fuera desde el punto de unión: la mecha o pabilo. La mecha se convierte entonces en una fuente de luz. Esto es exactamente lo que sucede cuando recibimos las frecuencias de la Sanación Reconectiva. ¿Pero cómo recibimos las frecuencias? ¿Dónde aparece esta intersección?

Para explicar esto, introduzcamos los descubrimientos del doctor Fritz-Albert Popp, un investigador alemán en biofísica que revolucionó el estudio de los biofotones. Los biofotones son partículas que existen y están almacenadas en sistemas biológicos, y su papel consiste en emanar y transmitir luz. Se detectan principalmente en el espectro ultravioleta y el de la luz poco visible. Cada célula de nuestro cuerpo produce biofotones que transmiten comunicaciones importantes entre células a distintas frecuencias de luz.

Imagina un campo de luciérnagas por la noche, y luego piensa en cada luciérnaga como en un biofotón. Al igual que las luciérnagas usan su luz para comunicarse (para identificar a otros miembros de su especie o para distinguir a los miembros del sexo opuesto), los biofotones también transmiten datos sobre, entre otras cosas, el estado de nuestras células.

Como resultado de la comunicación biofotónica, el intercambio de biofotones *precede a toda reacción bioquímica en el organismo*. Se cree que la intersección de nuestro ADN y la emisión de biofotones es lo que dirige los procesos del organismo. En palabras del doctor Popp: «Hoy sabemos que el hombre es, en esencia, un ser de luz. La ciencia moderna lo ha demostrado. En términos de la sanación, las implicaciones de este hallazgo son inmensas».

Nuestra estimada amiga Lynne McTaggart, investigadora y autora de *El campo*, un superventas de las listas de libros recomendados por el periódico *The New York Times*, se hace eco del doctor Popp cuando nos dice: «Todos somos velas. Todos estamos emitiendo fotones todo el tiempo». Estos biofotones son diminutos haces de luz que existen en forma de información cuántica: luz viviente que procede del ADN celular. Luz viviente que debe proceder de una fuente.

Popp y McTaggart nos informan de que nuestros cuerpos están, en esencia, compuestos por luz, y que los biofotones (luz) que forman nuestro cuerpo están constantemente intercambiando información entre sí. Cuando esta luz se encuentra en una coherencia colectiva, McTaggart ahonda diciendo: «Funciona como una red de teléfonos subatómicos que opera como una ola gigante o como diapasones que resuenan juntos. La coherencia cuántica significa que las partículas subatómicas pueden cooperar. Se comunican como un conjunto de diapasones que empiezan, todo ellos, a resonar juntos… A medida que las ondas entran en *fase* o en *sincronización*, empiezan a actuar como una onda gigante y/o una partícula subatómica gigante. Es como los instrumentos individuales de una orquesta tocando, todos ellos, en perfecta orquestación».

El tipo de coherencia creada por los biofotones sirve para sintonizar al cuerpo, o para su funcionamiento óptimo. Las distintas frecuencias indican entonces a las células que desempeñen distintas funciones. Todo ello da crédito al reemplazamiento actual del modelo *bioquímico* de la sanación por el modelo de *luz* de la sanación. Es este modelo de luz el que podría responder a la pregunta sobre por qué los cambios instantáneos se dan en una Experiencia de la Sanación Reconectiva fuera del espacio y el tiempo.

Como sabemos a partir de la propia Experiencia de la Sanación Reconectiva, además de a partir de los investigadores más destacados en este campo, la luz biofotónica procede claramente de la propia Fuente. Por lo tanto, cuando recibimos nos convertimos en una inspiración para la luz. También nos convertimos en un portal para aportar más luz e información a esta realidad tetradimensional tanto literalmente al nivel biofotónico como figuradamente al nivel de la fuente de la inspiración al nivel del conducto. Al hacerlo nos convertimos en una fuente de luz que emite una *esfera de influencia*.

Tal y como sabemos, una esfera no tiene un elemento direccional y, por lo tanto, la luz de una vela no va en una dirección, sino que va en todas direcciones. Una vez que tu vela recibe luz de otra fuente de fuego, puedes llevar esa vela a la oscuridad y permitir que aquéllos que antes se encontraban en la oscuridad reciban la luz.

Cada vez que nos permitimos recibir, emitimos una mayor luz que, a su vez, genera una mayor esfera de influencia para aquéllos que se encuentran a nuestro alrededor. A medida que la vela de cada persona se enciende, el colectivo emite una *mayor* luz y una *mayor* esfera de influencia.

Este es el poder de la Sanación Reconectiva. Ilumina un nuevo camino hacia quiénes somos de verdad.

*ELLO* nos mueve, sin que sea necesario creer en *ELLO*, hacia el siguiente salto en el viaje de nuestra vida. Al hacerlo, *ELLO* nos muestra nuestra expresión encarnada en forma de claridad, paz, luz, unidad, felicidad, equilibrio, reconexión con su campo de energía y amor. Sanación. A todos los niveles.

Cuando se mira a través del prisma del tiempo, toda la evolución se da en forma de microincrementos, lo que significa que el desarrollo de cualquier especie se da a lo largo del tiempo mediante la acumulación gradual de pequeños cambios. La totalidad de los cambios a lo largo del tiempo lleva al avance de una especie basado en ciertos cambios biológicos y fisiológicos, haciendo que un organismo esté mejor adaptado y sea más adaptable a un entorno en evolución. En pocas palabras, cada pequeño cambio forma parte de la suma total de un gran cambio.

En algún momento, la totalidad de los microcambios genera una masa crítica que significa que se dan suficientes microcambios para dar lugar a un resultado concreto. Es entonces cuando se dan cambios perceptibles.

Desde la perspectiva de la ciencia en el mundo natural, dentro de cada Experiencia de la Sanación Reconectiva se da una expansión de la conciencia directa. Al final irradiamos esto hacia fuera y, al hacerlo, no podemos evitar emitir una esfera de influencia amorosa. Expuesto de forma sencilla, la verdadera naturaleza de nuestro ser brilla como el campo de toda la experiencia; o de forma incluso más sencilla, eres esencial para el gran conjunto de la gente.

En este momento de nuestra evolución experiencial es importante hacer la distinción clara entre el concepto de *recibir* frente al de *tomar*. Recibir es una parte vital del intercambio catalítico entre ELLO y tu yo independiente. Como receptor eres la fuente de SU inspiración experiencial. El reconocimiento de tu vida no sólo es un administrador hacia la Fuente, sino hacia tus seres humanos hermanos. ¿Qué mayor propósito podría cualquiera de nosotros esperar tener en una vida?

## Servir como la experiencia de la *INFINIDAD*

Mientras nuestros corazones latan, todos somos *conexión con el campo de energía*. Esto nos permite *ser* la fuerza esencial de la vida que fluye a través del material y la materia de nuestro cuerpo y a través de todo material y materia vivos. Cuando nuestra conciencia está en modo conexión con el campo de energía de esta esencia o fuente de vida y de convertirse en su expresión inspiracional óptima en lugar de ser distinta y diferente, expresamos y proyectamos un mundo mucho más pacífico y ecuánime.

Mirar al interior consiste en darse cuenta de que somos, todos y cada uno de nosotros, de la Fuente. Pese a ello, muchos miran hacia fuera en su búsqueda para comprender. A medida que más de nosotros empezamos a confiar en nuestra *red interna*, en lugar de en *Internet* (a medida que aprovechamos más este conocimiento interno y reconocemos nuestra multidimensionalidad atemporal), más puede la Experiencia de la Sanación Reconectiva marcar el inicio rápidamente hacia la siguiente frontera de la expresión humana, donde nuestra experiencia del yo individual y el yo universal son la misma.

## Los investigadores

> *«La mayor forma de ignorancia es cuando rechazas algo sobre lo que no sabes nada.»*
>
> WAYNE DYER

Para cuando una mayor parte de la ciencia llegó a estudiar la Sanación Reconectiva, ya sabíamos algunas cosas sobre ella. Por ejemplo, los resultados de la sanación tienen inclinación a hacerse claramente conocidos de forma bastante instantánea y tienden durar toda la vida. Además, la sanación se pone de manifiesto, frecuentemente, antes de que empiecen las sesiones formales o *pretendidas* de la Experiencia de la Sanación Reconectiva.

Además, sabíamos que la energía y las sensaciones que sentían los asistentes en las salas de los programas de enseñanza y los talleres era muy fuertes, tangibles e inmediatas.

Se hizo referencia a esto en *La Reconexión: Sana a otros; sánate a ti mismo*, así que permítenos actualizarte con respeto a algunos de los datos científicos que no poseíamos en esa época. Según el doctor William Tiller, físico cuántico pionero y profesor emérito de la Universidad de Stanford, hay algo a lo que la ciencia se refiere como «espacio/tiempo positivo» y algo más llamado «espacio/tiempo negativo».

El tiempo/espacio positivo es el reino de la materia física y del mundo físico en el que la electricidad es la fuerza primaria de los campos electromagnéticos. En este reino hay una tendencia hacia incrementar la entropía positiva (desorden), las velocidades están limitadas a la velocidad de la luz y los iguales se repelen y los opuestos se atraen. En este reino, la energía y la materia vibran y se mueven a velocidades inferiores o cercanas a la de la luz y tienen una naturaleza básica que es «electromagnética».

El espacio/tiempo negativo es el reino de la sustancia/espíritu sutil y el mundo metafísico. Este es un reino donde el magnetismo es la fuerza primaria en los campos magnetoeléctricos. En el espacio/tiempo negativo hay una tendencia a una sintropía creciente, al orden o a una entropía negativa durante la cual las velocidades son superiores a la de la luz y los iguales se atraen y los opuestos se repelen. En el espacio/tiempo negativo, la energía y la materia vibran a velocidades superiores a la de la luz, tienen una calidad magnética y tienen una naturaleza básica que es «magnetoléctrica». Al definir este modelo, el doctor Tiller pavimentó el camino hacia nuevas teorías que exploran el concepto de la consciencia. Como respetado científico, ha sido básico para conciliar nuestra comprensión de la espiritualidad y la ciencia.

El doctor Tiller lleva mucho tiempo interesado por las energías sutiles. Las personas perceptivas llevan viendo, sintiendo y reportando estas energías sutiles desde hace miles de años, pero pese a ello, su medición ha permanecido fuera de las limitaciones de muchos de los instrumentos de medición aceptados en cada época. Debido a ello, no siempre las registraron al usar aparatos de medición estándar, pero pese a ello se ha mostrado claramente que existe en estudios más vanguardistas, aleatorizados, controlados y de doble ciego. El doctor Tiller quedó intrigado por el gran conjunto de datos sobre estas energías sutiles, dedicando su tiempo y aplicando su considerable habilidad a crear un equipamiento todavía más fiable para detectarlas y medirlas.

Para cuando conocimos al doctor Tiller, él y Walter Dibble, su compañero investigador, ya habían llevado a cabo una serie de experimentos exitosos sobre modalidades de sanación de la energía usando su dispositivo más reciente. Habiendo oído tanto sobre la Sanación Reconectiva, se dieron cuenta de que nuestros eventos de formación proporcionarían una oportunidad ideal para seguir con su investigación. El doctor Tiller entró en esta investigación con bastante confianza de que obtendría los mismos resultados que había visto en sus experimentos anteriores con las técnicas de la sanación de la energía, por lo que envió a Dibble para que llevara a cabo el estudio inicial. Tiller y Dibble quedaron más que sorprendidos por los resultados, que no se parecían en nada a ninguna medición que hubieran registrado antes. Por lo tanto, queriendo asegurarse de que todos los procedimientos, los protocolos y los instrumentos se estuvieran usando de una manera uniforme, Tiller tomó la decisión inusual de supervisar personalmente cada fase subsiguiente del estudio.

Tras llevar a cabo experimentos a lo largo de varios meses, llevó a más investigadores de todo el mundo a múltiples ubicaciones donde llevaba a cabo sesiones, empezando en Sedona (Arizona) y acabando en Los Ángeles (California), con numerosas ciudades en medio.

Insistió en los estudios en múltiples lugares, cada uno de ellos haciendo uso de la atención de varios investigadores de fama mundial, porque estaba sucediendo algo nunca antes visto y el mundo científico querría pruebas para explicar qué, por qué y cómo.

Los investigadores hicieron lecturas de base en todas las ubicaciones. Durante esta fase tomaron notas sobre las condiciones atmosféricas, incluyendo la temperatura del aire y del agua, junto con otros puntos de tomas de datos, que mostraron unos niveles cotidianos normales. Cuando los propios experimentos estaban en marcha, recopilaron los mismos puntos de datos. Las diferencias fueron registradas y analizadas en comparación con las líneas de base.

Para detectar cambios en la energía sutil, el doctor Tiller y sus socios y equipos emplearon sus aparatos para calcular mediciones y cambios en la energía termodinámica libre en la zona de formación.

¿Qué es la *energía termodinámica libre*?

Descompongamos eso de forma sencilla. «Termodinámico» significa relacionado con la temperatura; «libre» significa disponible y «energía» significa... pues eso... *energía*. Aquí, el doctor Tiller y su equipo descubrieron lo que llamaron «energía termodinámica libre *excesiva*». En otras palabras, más (en este caso *mucha más*) energía de la normal que está disponible y responde, se correlaciona y/o se corresponde con cambios de calor y temperatura. Los cambios de temperatura afectan entonces y reflejan lo que hace la energía libre, y la energía libre afecta y/o refleja equivalentes de temperatura. En la física y la química física, la energía libre hace referencia a la cantidad de energía interna disponible para llevar a cabo un trabajo. En nuestro caso, «trabajo» hace referencia a la sanación universal a todos los niveles.

Un poco de trasfondo: las lecturas fueron tan altas que, al principio, el doctor Tiller rehusó compartir los resultados con nosotros. En lugar de ello, y aunque no formaba parte en absoluto de su plan original, decidió que harían falta más estudios para verificar los resultados de los primeros. Se trajo a renombrados investigadores, incluyendo al doctor Gary Schwartz, de la Universidad de Arizona, y al doctor Konstatin Korotkov, de San Petersburgo (Rusia). Confirmaron que algo había sucedido en esa primera reunión que había afectado al comportamiento de la energía termodinámica libre de una forma completamente inesperada. Se produjeron los mismos incidentes en las lecturas hechas en cada una de las ubicaciones subsiguientes en las que impartíamos nuestra formación, donde él y otros investigadores llevaron a cabo sus estudios de seguimiento. Por ejemplo, los resultados mostraron que cada vez, *antes de que siquiera empezáramos nuestros talleres o eventos de formación*, ya se estaban dando unos incrementos de energía sorprendentes junto con unos cambios extraordinarios en la presión atmosférica en los recintos. Las salas se estaban convirtiendo, de algún modo, en lo que los investigadores se referían como «condicionadas» días e incluso semanas antes de nuestra llegada. *¿Empezaron las salas sin nosotros?* ¿Y fue descubrir que las salas se estaban volviendo condicionadas incluso antes de que los programas de formación comenzaran parte de la clave para explicar por qué las sanaciones suelen darse antes de que se programe el inicio de las sesiones de Sanación Reconectiva?

Exponiéndolo de otra forma, ¿había llegado ya la Inteligencia de la SR antes de que el Universo o el campo se volvieran *conscientes* de que iba a haber un programa de formación ahí? ¿Estaba la Inteligencia de la SR *ya* presente porque funciona fuera del tiempo y el espacio? ¿Y está, por tanto, no limitada por la ilusión humana del pasado o el futuro, existiendo siempre, en lugar de ello, en «*el ahora*»? *¿Se produjo el condicionamiento en el momento en el que pusimos nuestra atención en él? ¿Decidió darse a conocer sólo entonces?*

Sin embargo, la sorpresa definitiva para los doctores Tiller, Schwarz y Korotkov llegó cuando vieron que, aunque la temperatura del aire sólo había cambiado unos grados, el cambio por exceso medido en energía termodinámica libre fue *el equivalente de 300 grados Celsius o 572 grados Fahrenheit*. Este investigador, reservado y muy elocuente, hizo una respiración inusitadamente larga, y profunda, se detuvo considerándolo todo y luego murmuró: «Eso es algo enorme». Las respuestas que el doctor Tiller encontró para explicar este fenómeno son tentadoras. Se dio cuenta de que cuando uno de nosotros tomaba la palabra frente al público, o cuando el grupo estaba practicando en sus mesas, había un enorme descenso de la entropía de esta energía colectiva: en otras palabras, un enorme incremento en el orden u organización de la energía. La energía pasó de ser aleatoriamente libre o de estar «desacoplada», tal y como la llama el doctor Tiller, a estar en un estado ordenado o «acoplado». Lo único que podría provocar esto, explicó, era un incremento de lo que llama *producción de información*. En otras palabras, la energía termodinámica libre excesiva estaba en comunicación con *algo* que le decía que se comportase de forma más centrada.

El doctor Tiller comprendía que las partículas que constituyen esta energía se habían acoplado o *entrelazado* con otras partículas en otros lugares. Explicó que estos *otros lugares* se llaman «espacio recíproco», también conocido como «Universo Recíproco». Lo que esto significa es que hay un «espacio» o «Universo» que está, a todos los efectos, superpuesto exactamente donde nos encontramos, y que esto parece contener una información *más elevada, más evolucionada*.

Completamente desconcertado por todo ello, el doctor Tiller y sus colegas confirmaron que la Sanación Reconectiva es tanto científicamente verificable como reproducible.

Vayamos más lentos aquí para asimilar todo esto: en cualquier lugar y en cualquier momento en el que las partículas en nuestra existencia se entrelazan o se acoplan con partículas en un espacio recíproco, *se da un intercambio instantáneo de información*. Como resultado de ello, nuestra realidad cambia al instante, sincronizándose de inmediato para corresponderse con esta información. Cuando nos encontramos en comunión con las frecuencias de la Sanación Reconectiva, nuestras partículas se acoplan/entrelazan con una dimensión/universo recíproco en el que existimos en un mayor espacio/aspecto de equilibrio, completitud y salud. Esta es la convincente explicación de las sanaciones singularmente coherentes e instantáneas que observó que ofrece la Experiencia de la Sanación Reconectiva. Cuando esta información, que se encuentra más allá del espacio y el tiempo, se comparte con nuestras partículas en *este* espacio y tiempo (o lo que percibimos como el aquí y el ahora), nuestras partículas se benefician y se transforman mediante esta interacción. Esta es la razón por la cual se dan estos beneficios y transformaciones de forma tan inmediata. Si esta no es la conexión con el campo de energía definitiva, entonces, en realidad, ¿qué lo es?

Lo que parece ocasionar este entrelazamiento coherente en los programas de formación y las sesiones de la Sanación Reconectiva, además de cuando estás leyendo libros o viendo vídeos y presentaciones por Internet sobre ello o pasando por experiencias de aprendizaje relacionadas, es una conciencia como participante en y de este Universo recíproco y cómo centramos nuestra atención en *ELLO*.

Tal y como muestra la investigación, incluso mientas escuchas a nuestros instructores y oradores, la energía se vuelve crecientemente centrada. Mientras continúas en tu viaje con la Sanación Reconectiva, probablemente percibirás la sintropía y el orden en otros aspectos de tu vida, además de observar claramente el progreso rápidamente potenciador de tu vida. Te animamos encarecidamente a compartir tus observaciones de estos cambios espectaculares en tu vida con nosotros.

## Dentro de ti, a través de ti, a tu alrededor

La curiosidad está arraigada en nuestra mismísima naturaleza. Es instintiva y se encuentra en el núcleo del diseño de los humanos. A lo largo de las culturas, las religiones, las orientaciones sexuales, las identidades de género, los credos y las etnias, la curiosidad es un diseño universal que forma parte de un panorama mucho mayor del que incluso algunas de las influencias fundamentales de nuestra niñez, incluyendo a nuestros padres o maestros (que podrían haberse cansado de nuestros constantes «¿Por qué, por qué y por qué?»), podrían haber imaginado.

*¿Por qué?* Porque nuestro ADN humano nos recuerda y nos *inspira* a indagar sobre la naturaleza de la vida y la realidad. Esto es, después de todo, un aspecto sobre cómo el Universo llega a conocerse: a través de nuestra propia investigación, la curiosidad y, en último término, a través de nuestra *participación* en su misterio.

Verás, cada vez que obtenemos un conocimiento, cada vez que crecemos en nuestra consciencia, incluso aunque sea en un único protón dentro de un único átomo en nuestro interior, eso no acaba ahí. Se crea una mayor conciencia porque ese único protón es compartido con otro protón, y el protón que hay a su lado, y el que hay al otro lado; y en un protón en un tejido correspondiente o en otra parte del cuerpo; y en un protón en la persona que está a tu lado y en un protón de alguien que se encuentra en la otra punta de la habitación, del vestíbulo, de la región y en una persona en la que puedas estar pensando que esté en otro lugar del mundo. Incluso será compartido con una persona en la que *no* estés pensando, una persona que no hayas conocido y una persona que quizás conozcas pronto. Y puede entonces que probablemente sea compartido con un protón de un manzano, convirtiéndose así en parte de una manzana que será consumida por alguien en el futuro. Lo más fascinante es que, en último término, afectará *a cada protón del universo*. Tal y como plantea Nassim Haramein, director del Resonance Project Foundation (Fundación del Proyecto de Resonancia): «En la Física Cuántica del Campo Unificado, generalmente se asume que un protón contiene toda la información de todos los otros protones. En cada uno de tus protones yacen las respuestas a lo que está sucediendo en cualquier lugar de universo».

Podríamos decir, entonces, que cada vez que experimentas o aprendes algo, estás modificando la mismísima estructura del espacio-tiempo a través de la expansión de tu consciencia. Verás, el crecimiento y la expansión del universo dependen de tu propio crecimiento, evolución y expansión continuados, y esto depende de tu desenfrenada curiosidad innata. En último término, en nuestra curiosidad y reconocimiento de que el espacio-tiempo está limitado a nuestras experiencias intrínsecas y a las vidas percibidas, acabamos librándonos de las ataduras y la limitación impuestas por el constructo del espacio-tiempo. Esto nos permite recibir el don de toda sanación en la conciencia infinita de UNA consciencia limitada expresada en la Experiencia de la Sanación Reconectiva.

Las frecuencias de la Sanación Reconectiva
expanden incluso lo que hemos conocido como El Campo
mientras introducen nuevos aspectos de Energía, Luz e Información
(el murmullo infinito de lo infinito)
en ti,
a tu alrededor…
*siempre* contigo
solamente y con tu alma.
Estos son momentos en lo que te permites ver esto,
momentos en los que puede que no,
y momentos en los que puede que veas una vez más.
Pero sabe que *ELLO* no viene y va…
¡tú lo haces!
*ELLO* siempre está aquí.
*ELLO* es constante

(es la *experiencia* del «*yo mismo*» que es inconstante, discontinua.
Si *ELLO* parece *no* estar presente,
soy *yo mismo* quien se ha alejado.
Las frecuencias siempre están presentes).
Sólo necesito reposo,
reposo en el conocimiento,
el conocimiento del YO SOY
siendo.

El lenguaje y las ideas tienen el poder de transformarnos, pero las comunicaciones no verbales también pueden transformarnos a nivel de nuestra esencia. Después de todo, ¿sabe la gota de agua que contiene todo el océano? ¿*Necesita* saber que está compuesta de dos átomos de hidrógeno y uno de oxígeno para existir en su verdadera naturaleza?

Lo más hermoso es que no necesitas comprender cómo funciona esta esfera de influencia amorosa: sólo debes ser la experiencia de ello.

Dar y recibir forman parte de la misma energía, inspirar/espirar, arriba/abajo, norte/sur. Todos ellos son parte del mismo conjunto. Esto es algo que se pasa por alto muy frecuentemente cuando oímos el dicho «Es mejor dar que recibir». Es fácil perderse el significado más profundo de que para dar de verdad *debemos* recibir.

En último término, el don de la conexión con el campo de energía nos permite transformarnos, y en nuestra propia transformación permitimos la transformación de todo y de todos para convertirse, a la vez, en el receptor y la señal. ¡Un Bluetooth viviente que transforma el Universo!

Algunas personas creen que su conectividad con la Fuente debería proporcionarse *sólo* a través de la lente y la perspectiva de la religión o la naturaleza u otros aspectos concretos de nuestra humanidad. La Experiencia de la Sanación Reconectiva *elimina* nuestras lentes finitas y las limitaciones de las convicciones. *ELLO* tiene que ver con la conectividad, recibiendo y participando en el misterio. Siendo conscientes de quiénes somos, el misterio se revela a sí mismo.

Un ejemplo notable de un participante activo en el misterio es Michael Faraday, londinense del siglo XIX, que no obtuvo una educación formal, pero que poseía una curiosidad insaciable. Faraday, junto con

James Clark Maxwell, un acaudalado aristócrata escocés, redefinieron la física moderna describiendo cómo funcionan las fuerzas electromagnéticas. Este conocimiento dio lugar a las comunicaciones modernas.

Con la introducción de un nuevo concepto llamado el «campo», Faraday y Maxwell (podría decirse que eran la pareja genial más extraña de la ciencia) cambiaron totalmente lo que se había aceptado (y principalmente no se había retado) desde hacía más de dos siglos: la física newtoniana.

Lo que hizo que este «dúo electrodinámico» fuera tan poderoso es que Faraday podía ver la física en su mente y Maxwell podía proporcionar el respaldo matemático que la afianzaba. Su descubrimiento sugería una comprensión completamente nueva de la estructura del universo. El mundo ya no estaba hecho de partículas que flotaban libremente por el espacio, sino más bien de partículas conectadas a través de un campo. En palabras de Faraday: «No importa en qué te fijes: si lo observas suficientemente de cerca, estás implicado en todo el Universo». Su idea era que existe un misterio mayor, una realidad en la que no necesitamos creer o ni siquiera comprender: una en la que sólo necesitamos participar. O de acuerdo con la sabiduría de Albert Einstein: «Llega un momento en el que la mente alcanza un plano superior de conocimiento, pero nunca podemos demostrar cómo llegó hasta ahí».

Esto nos lleva a la belleza del modelo de la Sanación Reconectiva. Es sencillo, y pese a ello el resultado es revolucionario. Abre un ancho de banda sanador accesible a todos que trasciende las limitaciones percibidas de la ciencia actual y su capacidad de explicarla.

Sin embargo, en algún momento futuro, el siguiente Maxwell puede que aparezca para mostrarnos la existencia en términos matemáticos. Afortunadamente, no tenemos que poner nuestra vida o nuestra sanación en espera a la expectativa de eso. Las investigaciones actuales sobre la Sanación Reconectiva no están diseñadas para demostrar si existe o no, ya que la ciencia demostró su existencia hace mucho tiempo. Sólo están intentando averiguar *cómo* hace lo que hace, y ese conocimiento se encuentra, en el mejor de los casos, y si acaso, muy lejos.

Aprendiendo a reconocer y a recibir *ELLO*, sin una agenda preconcebida ni cualquier forma de preparación, somos capaces de establecer e integrar instantáneamente un nivel más coherente de equilibrio en todos los aspectos de la experiencia vital. La recepción (la conexión con el campo de energía) consiste en aprender a *recibirnos*, aprender a recibir el hecho de *Ser*, aprender a recibir nuestra *esencia*, sin preguntas, sin dudas, titubeos, ambivalencia, engaño ni juicio.

La Experiencia de la Sanación Reconectiva transforma nuestro cuerpo, corazón, mente y el progreso general de nuestra vida de formas que de otro modo parecerían implausibles. Ser capaz de dirigir nuestra atención sin intención, expectativas, juicio o incluso convicción, es parte de los dones ampliados y la libertad de la inteligencia infinita.

Aquí tenemos una revisión de algunos de los puntos que hemos tratado en este capítulo:

Ahora hemos explorado nuestra existencia sin principio/infinita como un sistema de circuitos, un despertar a la completitud siempre presente de que estamos hechos de «materia de estrellas», que existimos en forma de santidad en nuestra «completitud/santidad», en nuestro papel como conexión con su campo de energía y que somos velas humanas produciendo, emitiendo e intercambiando biofotones de luz. Hemos descubierto el exceso de energía termodinámica libre que aparece en anticipación de nosotros, además de Energía, Luz e Información que nos están buscando; y hemos aprendido a abrir un portal al universo recíproco a través de la simplicidad de la conexión con su campo de energía. Por lo tanto, exploremos nuestra existencia como un sistema de circuitos en este ejercicio.

### Ejercicio 3:
*Una fiesta de circuitos de la que vale la pena alardear*

Empecemos tomándonos un momento para explorar lo que llamaremos «posición anatómica normal» de la mano. Esto es la terminología médica para la posición que tus manos adoptan automáticamente cuando no eres consciente de ellas. Para encontrar tu posición anatómica normal, simplemente permite que tus brazos caigan a tus lados, dejando que tus manos cuelguen sueltas. Agítalas un poco para eliminar cualquier tensión residual. Sin moverlas, mira hacia abajo y fíjate en la posición en la que han quedado: los dedos ligeramente curvados, muy probablemente no tocándose entre sí. Ésta es su posición anatómica normal. Ésta es la posición en la que, más o menos, querrás que tus manos se queden mientras juegas y exploras. Ésta es una posición relajada. Si queremos ayudar a gente que padezca, entre otros problemas, «enfermedad/malestar», entonces querremos empezar desde una posición de «relajación (falta de malestar)» en nosotros mismos. Esta idea de la relajación/falta de malestar impregna cada aspecto de la Sanación Reconectiva. Tendremos nuestras manos en una posición cómoda y relajada, nuestra mente y nuestros procesos de pensamiento permanecerán en un estado de comodidad y relajación y, en todo lo posible, si estás trabajando con un paciente, te gustaría que éste también se sienta cómodo y relajado.

Estas frecuencias son alta e inconfundiblemente palpables. Las sensaciones exactas que experimentes pueden variar entre los distintos momentos e incluso entre una mano y la otra, pero, pese a ello, muy probablemente se volverán incontrovertiblemente presentes. Es frecuente experimentar de todo, desde un hormigueo, una palpitación, frío, calor, tirones y empujones, hasta una sensación de que una brisa o un viento pasan a través de tus manos; y si no estás seguro de estar notando sensaciones palpables, relájate y recibe. Aparecerán en el momento adecuado, probablemente cuando menos te las esperes.

Esta variabilidad de esta experiencia es importante recordarla porque tendemos a lanzar juicios sobre muchas cosas que experimentamos, notamos, o no creemos que percibimos, basándonos en las historias que hemos oído. Por ejemplo, solemos pensar que las manos de un sanador están calientes, considerando que el frío no es indicativo de sanación, sino más bien de enfermedad o muerte. En muchas escuelas de sanación asiáticas, el calor representa sanación procedente de la tierra y el frío sanación procedente de los cielos. Ninguna de ellas es mejor o peor que la otra. Ha llegado el momento de que nos desprendamos de algunas de estas limitaciones y definiciones cerradas y nos permitamos disfrutar de una perspectiva más amplia sobre el panorama general. Es esta variabilidad, y el flujo infinito, lo que permite que se ponga de manifiesto lo más adecuado.

Este proceso se regula, determina y ajusta a sí mismo, y siempre responde a la perfección.

La Sanación Reconectiva proporciona una perspectiva sobre estas creencias que señala a la futilidad de intentar atribuirles un significado concreto. Las sensaciones que acuden a ti son, concretamente, una parte de *tu* proceso, y son representativas de lo que *tú* necesitas y estás recibiendo.

De acuerdo. Eso está bien. ¿Pero qué *significa* cuando sientes (de verdad *sientes*) estas sensaciones inesperadas en tus manos? Es como si te proporcionaran ciertos tipos de células receptoras latentes con unas codificaciones adecuadas del ADN diseñadas para «encenderse» y llevarte a una conciencia y receptividad más consciente mientras estas frecuencias se vuelven más disponibles; y ahora ha llegado ese momento. La receptividad está ahí: es un elemento de quién eres desde este momento en adelante.

## Responder a la energía

Otra cosa sobre las sensaciones que probablemente estás empezando a sentir es que varían de intensidad además de en cuanto al carácter, y que tenderán a darse a conocer inequívocamente. Si ya has estudiado anteriormente cualquier técnica de sanación de la energía, descubrirás que quizás ya no sientas esas energías con claridad. No es que esas energías se hayan «perdido». Siguen estando aquí. Es más como si hubieran sido anegadas e incorporadas a las frecuencias de la Sanación Reconectiva, de forma muy parecida a cómo las olas de un océano bañan la playa y se incorporan a un pequeño hoyo en la costa. Aunque puede que nunca volvamos a encontrar ese charco concreto, no se ha perdido: simplemente se ha convertido en parte de un todo mayor. En otras palabras, has empezado a ascender en el todo mayor.

Por lo tanto, para este ejercicio lleva tus manos a su posición anatómica normal que acabas de conocer, empezando con tus manos aproximadamente a unos treinta centímetros la una de la otra, con una palma mirando a la otra. Ahora flexiona un poco el dedo anular de tu mano derecha hasta que parezca estar apuntando a tu palma izquierda. Concentra tu atención y conciencia en tu palma izquierda y, con un movimiento lento, pequeño y circular continuo de ese dedo anular, incluso aunque se encuentre a aproximadamente treinta centímetros de tu otra mano, imagina que está dibujando un círculo continuo en tu mano izquierda. Date cuenta de lo que sientes. ¿Eres capaz de sentir ese círculo siendo dibujado por tu dedo anular derecho?

Ahora juguemos un poco. Aleja lentamente tu palma izquierda cada vez más hacia tu pie izquierdo. Entonces lleva lentamente tu mano derecha más hacia tu derecha. Date cuenta de cómo puedes seguir sintiendo esa sensación. Cuando tus manos estén apartadas entre sesenta y noventa centímetros, detenlas e invierte la dirección en la que tu dedo anular traza los círculos; y percibe lo bastante rápidamente que la sensación en tu palma izquierda se invierte para adaptarse a la nueva dirección en la que se está moviendo tu dedo anular derecho. Date cuenta, además, de cómo la velocidad del movimiento de tu dedo anular afecta a la velocidad del movimiento de la sensación en tu palma izquierda. No tiene por qué ser tu dedo anular. Lo estamos usando para este ejercicio porque su movimiento tiende a ser el más ligero, suave y frecuentemente el que menos distrae para trabajar de esta manera.

Ahora pasemos a algo un poco más sutil. Mientras tienes las manos quietas y mantienes una distancia de entre treinta y noventa centímetros entre ellas, finaliza el movimiento circular con tu dedo anular derecho y, en lugar de ese movimiento, efectúa unos movimientos verticales y/u horizontales de lo más diminutos y sutiles con él. Quizás puedas empezar con movimientos de sólo un par de centímetros hacia arriba y hacia abajo o de lado a lado, luego de un centímetro, y después de medio centímetro e incluso menos.

De acuerdo. Eso es bastante sencillo, ¿verdad? Ahora exploremos la sutileza en un infinito mayor… Una vez más, mientras tienes las manos quietas y las mantienes a esa distancia de entre treinta y noventa centímetros, ten tu dedo anular también quieto; e imagina cómo continúa con esos pequeños movimientos verticales y/u horizontales. Fíjate en lo que sientes en tu palma izquierda. Ahora imagina los movimientos circulares. Imagínalos más grandes y luego más pequeños. Más rápidos, y después más lentos. A continuación, mueve el dedo anular en forma del patrón que estabas imaginando. Después vuelve a simplemente imaginar. Tómate tu tiempo con cada una de estas acciones. Observa cómo la intensidad de la sensación varía con y sin el movimiento. Juega con la interacción tanto con el movimiento físico como sin él.

La cuestión es si se trata de la imaginación o de la conciencia observacional. Entonces la pregunta es cómo puedes distinguir entre los dos. Y después la pregunta es… ¿existe una distinción? Y luego surgen más preguntas.

¿Qué sucede si la imaginación fuese una herramienta para descubrir la verdad? ¿Una red invisible? ¿Un imán? ¿Una especie de atrapasueños? Cuando un hueso se parte por la mitad, en una radiografía se ve claramente que no hay nada entre los dos trozos del hueso roto. Pese a ello, gradualmente, con el tiempo, mediante el visionado de una serie de radiografías de esa misma fractura, puedes empezar a ver que el espacio entre los dos trozos de hueso empieza a adquirir un color blanco lechoso. Esa área blanca lechosa adquiere un color blanco cada vez más denso y, al final, se vuelve bastante opaco. Y un día, entre semanas y meses después, los dos pedazos de hueso vuelven a ser uno. En otras palabras, ese espacio vacío entre ellos vuelve a ser hueso sólido. ¿Cómo sucede eso? Porque, ya para empezar, el espacio nunca estuvo *vacío*. Era un campo, invisible a simple vista, que atraía lentamente partículas de calcio, magnesio y fósforo. Al verse atraídas suficientes de esas partículas, el hueso se volvió más visible y sólido. Podría decirse que se volvió cada vez más *real*.

Lo gracioso es que *siempre fue real*; y al igual que el espacio entre los trozos de hueso rotos nunca está realmente vacío, la imaginación nunca es un concepto formado de algo «no presente realmente», de vacío. La imaginación es una llave que abre una puerta a un mayor reconocimiento de tu conciencia observacional y a experiencias no descubiertas hasta ahora. A lo largo de este libro, eso es exactamente lo que estamos a punto de descubrir, una conciencia enormemente expandida, que nos incluye a nosotros y a todo el universo.

Por lo tanto, ¿te estás sintiendo energizado, estimulado, motivado o simplemente curioso? Entonces juguemos una vez más. Vamos allá:

Ten las manos quietas.

Mueve el dedo anular de una de tus dos manos en pequeños círculos mientras te permites sentirlo en la palma de tu otra mano.

Inspira…

¿Te sientes inspirado?

*¡Bien!*

Ahora espira.

Detente…

Inspira suavemente…

Juega de nuevo con movimientos exploratorios pequeños y lentos.

En esta ocasión nota cómo la sensación en la mano quieta se expande.

Observa cómo la sensación en la mano que se mueve también se expande.

¿En qué otro lugar de tu cabeza o tu cuerpo lo sientes?

¿Sigue siendo la sensación la misma o se cambia y varía?

¿Ocupa el mismo espacio o se expande?

¿Qué otras características de la sensación y la conciencia observacional reconoces?

Permite que tus ojos se dejen ir, quizás hacia la izquierda o la derecha, y mira a *tu* interior para obtener una mayor conciencia de las sensaciones a medida que se generan y su presencia es más reconocible.

Ahora deja quieta la mano que se estaba moviendo suavemente y mueve lentamente la otra.

Ahora deja ambas manos quietas, moviendo rápidamente una en tu mente y luego la otra.

Explora, juega y descubre las complejidades e intimidades de nuestra interconexión con nosotros mismos y con el universo.

1. ¿Qué he aprendido de este capítulo?
2. ¿Qué he descubierto con este ejercicio?
3. ¿Qué ideas son nuevas para mí?
4. ¿Qué ideas son distintas de lo hubiera podido creer?
5. ¿Qué ideas estoy considerando o contemplando ahora?
6. ¿Qué ideas me parecen más naturales?

7. ¿Con qué ideas o conceptos tengo más dificultades o encuentro más desafiante aceptar?

8. ¿Con qué ideas o conceptos tengo más dificultades o encuentro más desafiante comprender?

9. ¿Cuáles de mis convicciones e ideas anteriores encuentro más desafiante dejar ir y abandonar?

10. ¿Qué ideas o conceptos encuentro más liberadores y empoderadores?

11. ¿Qué me ha permitido descubrir y en qué me ha permitido convertirme mi voluntad de no conocer?

12. ¿Qué podría mi voluntad actual de no conocer permitirme descubrir y en qué me permitiría convertirme en el futuro?

*Responde a las cuestiones anteriores con tus pensamientos, posibles respuestas, explicaciones ideas, etc., lo mejor que puedas.*

*Si no sabes cómo responder a algunas de las preguntas anteriores, o simplemente no tienes las palabras, hemos diseñado un modelo de «rellenar los espacios» a continuación para que te ayude.*

1. No estoy seguro de saberlo, pero si lo supiese, la respuesta podría ser _____.

2. No acabo de disponer de las palabras para explicar esto, pero si dispusiese de las palabras, podrían ser _____.

3. No acabo de tener las palabras para describir esto, pero si tuviese las palabras, podrían ser _____.

# CAPÍTULO 4

# EL DON DE LA INCONSCIENCIA CONSCIENTE

*«Es una tarea espinosa, y mucho más de lo que parece, seguir un movimiento tan errante como el de nuestra mente, entrar en las profundidades opacas de sus campos más íntimos, seleccionar los innumerables aleteos que la agitan.»*

MICHEL DE MONTAIGNE

*«Pongo mi corazón y mi alma en mi trabajo, y he perdido la cabeza en el proceso.»*

VINCENT VAN GOGH

Hay muchos libros maravillosos de autoayuda y técnicas disponibles para ayudarnos a gestionar nuestro pensamiento: nuestro pensamiento y nuestras acciones, acciones y pensamientos, e incluso nuestro pensamiento sobre las acciones y el pensamiento. Al mismo tiempo, sabemos que no sólo somos más que nuestros pensamientos y nuestro cuerpo físico, sino que también *existimos* en una organización que se encuentra más allá de lo que nuestras mentes y pensamientos pueden percibir.

Más precisamente, es *anterior* al pensamiento, *anterior* a la mente, *anterior* al tiempo.

Bienvenido a la *Inconsciencia Consciente* en el Antes-Más Allá.

Perder tu mente en favor de la Energía, la Luz y la Información equivale a no tener que preocuparse más en colocar tu pie sobre el pedal al conducir tu coche. Es como si tus manos estuvieran sobre el volante, tus ojos puestos en la carretera y simplemente estuvieses avanzando. No hay aceleración ni deceleración por la que tengas que preocuparte. Es constante, elegante, continuo, fluido e infinito. Este impulso puede producir un nivel completamente nuevo de claridad y calidad de vida.

Hablando de perder la cabeza, ¿puedes recordar la primera vez que *tú* perdiste la *tuya*? ¿O la primera vez que te *permitiste dejar ir* la tuya? ¿Incluso durante un momento? Probablemente todos hemos experimentado esta sensación una o dos veces en nuestra vida. *Advertencia al lector: No estamos hablando de un brote psicótico, sino más bien de perder la cabeza* exquisitamente.

Por lo tanto, ¿cómo nos permitimos perder la cabeza en favor de la Energía, Luz e Información? La respuesta es que tú y tu atención simplemente se *disuelven* en *ELLO*; y al hacerlo, *ELLO* capta tu atención. ELLO te mantiene con tu conciencia y atención en perfecto equilibrio. No estás viviendo en el pasado ni anticipando tu futuro: estás observando y sintiendo sin juicio ni apego a ningún pensamiento.

¿Podría esta experiencia de conciencia y desapego ser aquello de lo que los filósofos, místicos y santos han hablado como el momento eterno presente? ¿Es esto a lo que san Francisco de Asís se refería cuando decía «Lleva el mundo como una ropa suelta»?

El doctor Rollin McCraty, del HeartMath Institute, llama a esto un estado de *quiescencia*. En *The coherent heart: Heart-brain interactions, psychophysiological coherence, and the emergence of system-wide order (El corazón coherente: interacciones corazón-cerebro, coherencia psicofisiológica y la aparición del orden en todo el sistema)*, el doctor McCraty y sus colegas definen la quiescencia como «la intrusión de la "cháchara" mental y emocional se reduce a un punto de tranquilidad interior que es reemplazada por una profunda sensación de paz y serenidad y una honda sensación de estar centrado en el corazón».

En esta tranquila quietud, existe una hiperconciencia en la que no hay división. Anteriormente, la quiescencia era algo que se pensaba que sólo los meditadores maestros, los monjes budistas y otras personas de ese tipo eran capaces de alcanzar, y sólo después de años de práctica. Pese a ello, aquéllos que participan de la Experiencia de la Sanación

Reconectiva parecen entrar en esta quiescencia en el momento en el que se dan cuenta de esta conexión con el campo de energía, conscientemente o inconscientemente.

Cuando los investigadores de la Universidad de Arizona empezaron a medir las ondas del corazón y el cerebro, tanto de los practicantes como de los receptores durante sus Experiencias de la Sanación Reconectiva, vieron que los participantes, incluyendo a aquellos que no *sintieron*, percibieron e incluso creyeron en las frecuencias, mostraron unos registros físicos involuntarios que fueron visiblemente observables junto con registros involuntarios que fueron observables en gráficas de sus escaneos de su corazón y cerebro.

Como las frecuencias de la Sanación Reconectiva no se relacionan con la mente pensante, esto no tiene que ver con el estado mental de la conciencia (*mindfulness*), sino con lo que podría llamarse *Inconsciencia Consciente*. Las frecuencias no están interesadas en nuestros pensamientos ni en nuestros sistemas de creencias más de lo que el Sol busca saber cómo o por qué brilla. *ELLO* no tiene ninguna limitación ni sesgo basado en ninguna circunstancia en nuestra salud, riqueza, inteligencia, personalidad, éxito, fracaso, género, religión, preferencia sexual, color de piel, color de cabello o si estamos accediendo a los últimos dispositivos tecnológicos. Nuestro papel consiste simplemente en recibir, observar, percibir, ser testigo y ser *SU* experiencia.

«Debes pasar tu tiempo despejando el camino, despejando el camino para que tu mayor energía se manifieste; y lo hará si eres simplemente consciente de El Que Es mientras se está haciendo realidad. Y debes sentir esto con tu vida». Para comprender esta cita del libro *Solomon habla: sobre reconectar tu vida*, de Eric y Frederick Ponzlov, querrás comprender que *El Que Es* haciéndose realidad es distinto de que tú te sientas hecho realidad por *El Que Es*.

El punto de unión con las frecuencias existe en algún lugar *antes* de nuestros pensamientos, *antes* de nuestra mente pensante, en el antes-más allá y en el trasfondo de toda experiencia conocida. En el momento en el que empezamos teniendo la intención, dirigiendo, controlando, esperando o prediciendo resultados en nuestro intercambio con *ELLO*, nuestra receptividad al potencial infinito se reduce y se oscurece con una opacidad creciente. A pesar de las intenciones de nuestra mente y de la necesidad de nuestra personalidad de imponer orden y controlarlo todo, *ELLO* espera pacientemente a que regresemos. En la *Unicidad*, la sapiencia de que eres suficiente se convierte en tu *nuevo conocimiento*.

> «Llega un momento en el que la mente adopta un plano superior de conocimiento, pero nunca puede demostrar cómo llegó hasta ahí.»
>
> ALBERT EINSTEIN

## Zambulléndonos a más profundidad en la sapiencia

El conocimiento es un conjunto de pasos que nos llevan a un punto de partida desde el que podemos entrar en la sapiencia: una consciencia/conciencia pura sin un campo ni un estado. En el mundo complejo actual, ir más allá de nuestros pensamientos es una forma de arte adquirida y necesaria porque la forma en la que somos bombardeados constantemente con información no nos permite vivir, de otro modo, nuestra mejor y más alegre existencia. Si no estamos prestando atención y no estamos siendo conscientes de nuestra conciencia, nuestra presencia y nuestro ser, bueno... es fácil que la mente se vea barrida en un aluvión de datos que no aporte un valor real o significado a nuestra vida.

Cuando salimos de la mente cerebral, accedemos al amor y la conexión. La mente pensante está generando continuamente una narrativa que intenta ayudarnos a encontrar el sentido a nosotros mismos. Sin embargo, al generar esa narrativa, no podemos evitar compararnos con otros, llevando a nuestro yo distinto a mayor profundidad en la historia del ego de todas las cosas distinta y diferentes. Otra forma en la que podemos visualizar esto es en que estas narrativas nos llevan a recintos dentro de nuestra realidad finita. Estos recintos tienden a despertar un patrón en el que la gente se coloca en un estado constante de comparación y, como resultado de ello, creemos que hay algún problema con ellos. Esto ha inspirado un mercado de libros de autoayuda que proclaman que todo lo que tienes que hacer es cambiar cinco cosas en ti y serás feliz; cambiar estas tres cosas sobre ti y encontrarás la felicidad;

cambiar esta cosa y encontrarás el amor. El subtexto discernible aquí es que: *Nada en ti está bien de la forma en la que eres.* Esta no es, *claramente*, una receta para la sanación.

Afortunadamente, la experiencia de la Sanación Reconectiva interrumpe esta mensajería cognitiva a través de un intercambio no verbal, tangible y cenestésico por el cual te ves impulsado hacia un estado de mérito autorreconocible y autorreforzante. Los programas de autosabotaje parecen desvanecerse de una vez por todas. Es un intercambio en el que *tu sanación se convierte en la conciencia de tu completitud.* La Inteligencia se pone en contacto contigo y las frecuencias te involucran, se embarcan contigo y dan lugar a la sanación más adecuada para ti en plenitud.

## Instinto frente a intuición

*«El instinto es algo que trasciende al conocimiento.*
*Tenemos, sin duda alguna, ciertas fibras que nos permiten percibir*
*verdades cuando la deducción lógica o cualquier otro esfuerzo*
*deliberado del cerebro es fútil.»*

NIKOLA TESLA

¿Cómo saben los pájaros que ha llegado el momento de volar hacia el sur para pasar el invierno y hacia el norte para pasar el verano? ¿Se reúnen en el Bar del Tucán para celebrar la hora feliz los jueves y luego en el Bingo de las Aves y votan cuál es el mejor momento para volar? No migran a través del conocimiento, sino a través de un saber innato e interno, un estado compartido de sapiencia al que se accede y que se alcanza mediante la frecuencia y la vibración.

Los investigadores dirían que es vía la información procedente del Sol, las estrellas y percibiendo el campo magnético de la Tierra. La ciencia se referiría a esto con el nombre de coherencia. A medida que las aves acceden a esta sapiencia, al interior de la esencia y la naturaleza de su verdadero ser, se convierten en parte de un ecosistema mucho mayor y de un tapiz de la existencia. Al hacerlo, sus viajes les permiten contribuir mejor a la salud del planeta mediante la polinización, la dispersión de semillas y, en esencia, mediante el simple hecho de *ser* aves. En lugar de ser simplemente aves que habitan la *«pajaritud»*, se convierten en un aspecto de una consecuencia beneficiosa mucho mayor de los ecosistemas en los que viven y de todo el planeta en su conjunto.

Si las aves saben, instintivamente, cómo comportarse, quizás nosotros también lo sepamos. Así pues, al igual que los pájaros saben cuándo emigrar, algo inherente impulsa los deseos de cada ser vivo, incluyendo a los humanos.

Sin embargo, al contrario que las aves, posiblemente seamos el único (o uno de los únicos) animal que intenta pensar más allá de nuestras tripas o invalidar de otro modo a nuestra sapiencia interior a través del pensamiento y la razón. Ignoramos nuestro instinto y, en lugar de ello, lo reemplazamos por lo que llamamos nuestra *intuición*. Al hablar del instinto frente a la intuición, nos encontramos con que la gente suele confundir las líneas, pero hay una delimitación clara entre las dos.

El instinto no es, meramente, un *sentimiento*. Una definición familiar y a nivel superficial es que se trata de un patrón de actividad innato y congénito. Deriva del término latino *instinctus* (que significa «impulso»), y se considera una tendencia «integrada» hacia un comportamiento común concreto que se da en especies biológicas. Sin embargo, a un nivel más profundo y completo, el instinto es una *sapiencia instantánea*: tan instantánea, de hecho, que aparentemente bordea las interminables series de señales bioeléctricas que generan el pensamiento. Tu instinto es tu *sapiencia instantánea e incondicional*. Carece de restricciones, no está oscurecida, no es confusa y está despejada de pensamiento y opinión porque el instinto es *anterior* al pensamiento. *Anterior al pensamiento*.

La intuición procede del término latino *intuitio*, que significa «un vistazo o una consideración». Es un proceso por el cual la información demasiado compleja para sólo el pensamiento racional es revisada. Este proceso es aprendido, no innato, y se basa en una acumulación de convicciones y experiencias hasta ese punto en la vida de una persona que entonces se llevan a su proceso de toma de decisiones.

Por lo tanto, por un lado, tienes el instinto: una certeza y conocimiento innato e instantáneo; y por el otro lado tienes la intuición, que es aprendida y, en grado variable, está impregnada y nublada por el pensamiento y la opinión. Trae a la mente el «cubrir de oro el lirio»: una expresión derivada de un pasaje de Shakespeare citado erróneamente que describe el proceso de adornar lo que ya es hermoso.

> Así pues, revestirse de doble pompa,
> proteger un título que rico era,
> dorar con oro fino, pintar el lirio,
> echar perfume a la violeta,
> alisar el hielo, o añadir otro tono
> al arcoíris, o con luz de candelas
> buscar decorar el hermoso ojo del cielo,
> supone un exceso derrochador y ridículo.
>
> LA VIDA Y MUERTE DEL REY JUAN, SHAKESPEARE, 1595.

La intuición usa la mente, colocando una capa o dorando un nivel de pensamiento encima de nuestro instinto, el lirio; añadiendo un filtro que diluye la forma más pura del instinto. La mente y los pensamientos que produce, junto con el pensamiento crítico, pueden muy bien ser contribuyentes importantes a lo que se nos ha llevado a este punto en nuestra evolución. Simultáneamente, pueden muy bien estar conteniéndonos con respecto a la siguiente fase de nuestra evolución.

En la antigua Grecia, donde se originó este tipo de pensamiento occidental, los griegos lo llamaban *philosophia* (filosofía), que significa «amor por la sabiduría». Sin embargo, el conocimiento esotérico de la sabiduría procede de la naturaleza. No es algo que proceda de nuestra mente pensante, sino que más bien surge de debajo de nuestra *conciencia consciente*, el lugar de nuestro pensamiento espiritual.

El físico teórico visionario Stephen Hawking formuló en una ocasión la hipótesis de que para que nos convirtamos, de hecho, en una forma humana multidimensional, debemos ir más allá de sólo el pensamiento, ya que nuestros avances tecnológicos no garantizan el futuro de la civilización o de la evolución espiritual. Este puede ser un momento excelente para pensar en el crecimiento, no tanto como una expansión de cosas en la materia y la estructura, sino más bien el crecimiento en lo que más importa: la unicidad y la unidad. Como la humanidad ha estado centrada durante tanto tiempo en el crecimiento y el progreso como modalidades analíticas y cognitivas, quizás sea el momento de abrazar otro reino en el que la información fluya dentro y fuera, sin cognición, en un estado de *Inconsciencia Consciente*.

## Conexión con el campo de energía (recepción)

Está la mente y luego está el cerebro. Como una radio que capta las señales, el cerebro (aunque no el cerebro exclusivamente) es el receptor que absorbe energía y luz del campo en forma de frecuencias y vibraciones que luego transforma en información. De forma muy parecida a una radio, podríamos decir que el cerebro es el componente receptor. Sin embargo, la mente es donde la información es analizada para tomar decisiones. Es donde se dan la razón, el pensamiento y la evaluación.

Cuando experimentamos la Sanación Reconectiva en la Inconsciencia Inconsciente, el cerebro está recibiendo. Está diseñado para la recepción infinita de Energía, Luz e Información. Una vez más, es importante trazar una distinción entre el cerebro y la mente. En la experiencia de la sanación, nuestra tarea no es la de contemplar o reducir esta recepción a información que nuestra mente pueda comprender mediante el análisis. Una vez que empecemos a analizar, ya no estaremos recibiendo, sino dirigiendo. Nuestro papel consiste en observar, percibir y experimentar. Tenemos elección: *estar* en ello, *fusionarnos* con ello y *convertirnos* en ello; o permanecer *fuera* de ello, contemplarlo, *evaluarlo* y, por tanto, *juzgarlo*.

Si querías conocer el océano. ¿estarías satisfecho estando simplemente sentado en la orilla y contemplándolo? ¿No preferirías realmente zambullirte en la plenitud de su experiencia?

Conclusión: No necesitamos introducir un proceso de pensamiento en la Sanación Reconectiva porque no funciona al nivel de nuestros pensamientos. Funciona antes que el pensamiento, antes de que lo reduzcamos a través del pensamiento. Somos, simple y fantásticamente, el catalizador. *ELLO* llega *a* nosotros y se mueve *a través de* nosotros para *establecernos* como la señal receptora. Nuestro objetivo consiste en ser conscientemente conscientes de El Que Es mientras se está haciendo realidad; y luego sentir esto con nuestra vida.

En esta intersección, somos el catalizador y, como tal, somos capaces de facilitar la sanación y capaces de *ser* el sanador, además de *convertirnos en la propia sanación*.

Como testigos y atestiguados, podemos observar cambios en la ecuación de sanación de otros sin la necesidad de una evaluación cognitiva. Por lo tanto, en una Experiencia de Sanación Reconectiva, aunque estás siendo testigo de cómo la Inteligencia amorosa está orquestando una fusión sin interrupciones y una transformación profunda de lo físico, mental, emocional y espiritual (y estás presenciando cómo sucede en el interior, para y alrededor de la persona con la que te encuentras en conexión con el campo de energía), no es necesario que estés cognitivamente implicado en el proceso. De hecho, es mejor que no lo estés: es mejor para ella y mejor para ti. No hay necesidad de opiniones o interpretaciones de lo que está sucediendo. Tú eres simplemente el testigo y el atestiguado, y en tu perfección lo eres exquisitamente.

## La mujer en el jardín: Un relato de primera mano

*Cuando tenía once años me desperté una mañana en pánico. Estaba tan acalorada que no podía respirar bien. Mientras levantaba el brazo para limpiarme el sudor de la cara, me di cuenta de que no sólo mis manos estaban hinchadas al doble de su tamaño normal, sino que también lo estaban mi rostro y mi lengua. Apenas podía ver a mi madre, que estaba de pie frente a mí, ya que mis ojos estaban prácticamente cerrados por la hinchazón. Estaba intentando buscarme alguna medicina. Aunque éste no era el primero de estos incidentes, éste fue el peor. Mi madre me subió al coche y me llevó a urgencias. Estaba tan asustada que pensaba, con toda certeza, que iba a morir. Mi madre seguía diciéndome: «No te preocupes, cariño, todo va a ir bien. Estamos todos aquí para cuidarte». Ella es enfermera y calmar a la gente forma parte de su trabajo, pero la cosa no hizo sino empeorar.*

*Pasé los siguientes dos días en cama, y las noches con mi madre, que trabajaba en la sala de urgencias. Tenía unas erupciones raras por todo el cuerpo y algunas se transformaron en grandes ronchas. Todas mis articulaciones estaban hinchadas y me dolía todo el cuerpo. Los médicos no sabían qué me pasaba: nunca habían visto a una muchacha con tantas cosas raras al mismo tiempo. Así pues, me remitieron a un especialista. Meses de pruebas y distintas medicaciones revelaron que padecía artritis reumatoide y enfermedad mixta del tejido conjuntivo. El médico dijo que esto podía incluir lupus, pero que los análisis no eran concluyentes. Te preguntarás cuál es el procedimiento en este caso. Diez (sí, diez) aspirinas de Bayer a diario durante seis semanas y ninguna actividad estresante, ni siquiera clases en el gimnasio.*

*Pasaron varios años y había aprendido a acepar el dolor, o peor: a aceptar la respuesta «No sabemos qué te pasa». Aprendí a sonreír y a ponerle buena cara a todo el mundo. Es mucho más duro de lo que la gente cree y, por supuesto, la sonrisa y el poner buena cara no duraron por siempre. Me fue bastante bien durante varios años. Sin embargo, cuando tenía unos veinte años, estaba agotada, deprimida y me obligaba a levantarme de la cama para ir a trabajar. Así pues, una vez más, fui a ver a varios médicos distintos que ahora decían que padecía una depresión grave. Pasé el siguiente año probando varios surtidos de antidepresivos que me hicieron más fácil enfrentarme a la vida, pero que no hicieron que mi cuerpo se sintiera mejor. Echando la vista atrás, puedo ver por qué estaba deprimida: Tú también lo estarías si te sintieras tan mal como yo me sentía cada día. Por último, fui a un médico que llevó a cabo una serie de análisis basándose en el historial de mi infancia y llegó a la conclusión de que no estaba simplemente deprimida, sino que mi diagnóstico anterior de lupus parecía ser correcto. Una vez más me recetaron un amplio surtido de medicamentos, ninguno de los cuales funcionó más allá de algunas semanas.*

*A continuación, fui a un especialista: a un reumatólogo. Probamos con otros medicamentos: algunos me provocaban náuseas; otros, urticaria y, al final, algunos funcionaron. Tristemente para mí y para mi madre, no funcionaron bien durante mucho tiempo y eran muy caros. Así, aunque no hay una cura médica para el lupus, mi madre empezó a buscar para encontrar una forma más permanente de tratamiento.*

Un día, mientras estaba viendo por la televisión un programa de entrevistas muy mediático, vio a un sanador: el doctor Eric Scott Pearl. Lo organizó todo para que fuera a verle antes de explicarme nada sobre él. No fue hasta que estábamos haciendo ese primer viaje de seis horas cuando me explicó que se trataba de un sanador alternativo, que no iba a tocarme y que me iba a sentir mejor. Me reí de ella y le sugerí, insistentemente, que quizás necesitara terapia psiquiátrica profesional. Me contestó: «¿Qué tienes que perder?». ¿Quién podía discutir eso después de todo por lo que había pasado? Además, me conocía lo suficiente como para no habérmelo contado hasta que ya lleváramos recorrido un buen trecho en el coche.

Así, llegamos a mi cita a las 11:00 h, y yo pensaba: «Este tipo debe ser un charlatán». En la sala de sanación había una camilla sobre la que estirarse, una iluminación suave y unos sonidos que se reproducían de fondo, Una ayudante me dijo que me quitara los zapatos, que me estirara y que me relajara. Para ella era fácil decirlo. Lo intenté, pero no pude.

El doctor Pearl entró al cabo de unos minutos y, para mi sorpresa, tenía un aspecto bastante normal. Hablamos durante algunos minutos sobre mis principales problemas, que eran mis manos. Me pidió que mantuviera una en alto. Colocó sus manos a cada lado de la mía, pero no me tocó. Empezó a mover sus manos alrededor de la mía con un movimiento lento y circular. De repente, me asusté porque sentí una sensación como la de una brisa sobre mi mano y un olor embriagador a flores: unas flores que no había olido nunca. Pensé que, de acuerdo, que eso era realmente extraño. Sus manos se estaban moviendo demasiado lentamente como para generar viento. ¿Y qué había de las flores? ¿Cómo estaba haciendo eso? Entonces pasó a mi otra mano y llegó esa misma sensación como de viento. Me pidió que cerrara los ojos y en todo lo que pude pensar fue: «¡Es un bicho raro y yo estoy obviamente loca!».

De todos modos, cerré los ojos y, a medida que caminó lentamente alrededor de mi cuerpo, la sensación ventosa siguió a sus manos. Lo que sucedió a continuación me sobresaltó de verdad. Mis ojos se abrieron del todo y el doctor Pearl me preguntó: «¿Qué te sucede?». No me atrevía a decirlo, pero cada vez que el doctor Pearl se acercaba a mi tobillo, se ponía muy caliente. Esto era raro y yo no estaba contenta.

A lo largo del resto de la sesión, fui incapaz de relajarme. Cuando finalmente acabó, me preguntó qué había experimentado. Le hablé de la sensación de viento y del olor a flores. Me preguntó si sabía qué era el olor a flores y le dije: «*Usted*». Me dijo que no pensaba que fuera él, así que le pregunté si podía olerle. «*Sí*», rio, y me lo permitió. Ciertamente, no olía como las flores y, aunque parezca mentira, el olor prácticamente desapareció.

Tomó algunas notas y me dijo que pasara al frente cuando estuviese preparada. Salió de la habitación. Debí permanecer ahí entre diez y quince minutos buscando un ventilador, algún incienso con olor a flores, algo... ¡LO QUE FUERA!... que explicara el viento y el olor. Incluso tomé una gran fotografía de la pared (estaba muy recargada) y moví muebles de un lado a otro en mi búsqueda (algo que todavía no le he confesado), pero no encontré nada. Ahora más que nunca, me pregunté si me estaba volviendo loca. Salí de la habitación y sólo crucé unas breves palabras con el doctor. Tenía prisa por irme. Ésta era la cosa más rara que me había sucedido en la vida. Mi madre y yo condujimos de vuelta a casa: dormí durante la mayor parte del trayecto, y cuando me desperté, mis manos no me dolían tanto. Pensé: «*Bueno, es una simple casualidad*».

Pasé la siguiente semana como era usual y seguí con mis medicamentos. La idea de mi siguiente cita con el doctor Pearl se cernía sobre mi mente. En realidad, no quería ir, pero a la semana siguiente hicimos las maletas y una vez más nos dirigimos a California. Estaba muy nerviosa. Me quité los zapatos, me subí a la camilla y, para mi sorpresa, de repente me quedé muy relajada. El doctor Pearl entró y charlamos durante algunos minutos sobre cómo me había sentido, que era ligeramente mejor de lo habitual. Entonces me recomendó que cerrara los ojos y me relajara. Estaba a punto de empezar.

Cerré los ojos y, súbitamente, sentí una paz indescriptible. Podía sentir el viento alrededor de mi mano y el olor absolutamente embriagador de las flores. «*¿De dónde viene eso?*», me pregunté a mí misma, y en ese preciso instante, apareció una mujer. No podía verle el rostro, sólo su vestido blanco y su cabello oscuro ondeando con la brisa. Me estaba ofreciendo su mano, de pie en un maravilloso jardín de flores por encima de mí. Es como si ella estuviera diciendo: «*Toma mi mano y camina por este jardín*», sólo que no me estaba hablando, por lo menos no con palabras, y yo no podía abrir los ojos. Ya no era consciente de la presencia del doctor Pearl en la habitación (¿o acaso no me encontraba ya en la habitación?). ¡Qué extraño! Quería ir. Alargué el brazo, sentí un tirón en la mano y ¡bum! Estaba ahí entre las flores con ella. Entonces, tan rápidamente como había llegado, se fue.

*Mis ojos se abrieron de repente y el doctor Pearl había acabado. Me preguntó si me encontraba bien, y asentí. No me atrevía contarle lo que había pasado. Simplemente quería que se fuera. Salió de la habitación y esta vez no busqué nada. Simplemente salí. Mi madre y él estaban en la recepción hablando cuando salí. No creo que le dijera nada a ninguno de los dos. Simplemente me dirigí hacia la puerta. Mi madre me siguió al poco rato. Salimos y empecé a llorar. No pude explicarle qué había pasado, no podía explicarle a nadie qué había pasado. ¿Qué pensaría mi madre, por no decir qué pensarían otras personas? Nos dirigimos al hotel en el que íbamos a pasar la noche. Tenía una última cita al día siguiente. No dije gran cosa durante el resto de la noche.*

*La mañana siguiente llegó rápidamente. Acudimos a la cita, pese a que en realidad no quería ir. Durante toda la sesión, todo en lo que podía pensar era: «¿Todavía no se acabado esto?». De hecho, acabó bastante rápidamente. El doctor Pearl podía percibir que yo no quería estar ahí. Le oí decir a mi madre que estaba intentando, desesperadamente, concertar otra cita, que no me volviera a llevar a no ser que fuera yo la que pidiera regresar. Le dijo que no parecía que yo quisiera estar ahí y que no me sentía cómoda con las visitas. Tenía la razón. Me reuní con él en la recepción, le di las gracias educadamente y regresamos a casa. Ya era hora para mí. Pasé los siguientes dos días explorando todas las floristerías y viveros en la ciudad en la que vivíamos. Tenía que encontrar esas flores, o por lo menos volver a dar con el paradero de ese olor. Era como si encontrarlas me fuera a permitir saber que no había perdido la cordura; pero entonces, ¿qué significaría no encontrarlas?*

*Por mucho que lo intenté, no las encontré. Nadie en las tiendas las reconoció a partir de la descripción sobre su aspecto o su olor. Era como si no existieran en ningún lugar del mundo. Fue alrededor de una semana antes de que pudiera empezar a hablar de lo que me había pasado sin ponerme a llorar. Habiendo sido una atea declarada, esto había sacudido mi sistema de creencias hasta sus cimientos.*

*Desde mis tres visitas de la Sanación Reconectiva he mejorado al ciento por ciento. Ahora puedo hacer cosas que pensaba que nunca podría volver a hacer. Puedo levantarme de la cama sin ningún problema: un proceso que solía requerir de un par de horas. Puedo abrir frascos, incluso algunos que mi novio no puede abrir. Puedo trabajar fuera de casa y hacer ejercicio sin sentir como si me estuviera cayendo a trozos. Puedo llevar puestas mis joyas porque mis manos y mis tobillos ya no me duelen ni se hinchan. Lo mejor de todo es que ya no me hacen falta más medicamentos con receta; y después de la investigación de mi madre sobre la Experiencia de la Sanación Reconectiva, me siento mucho menos loca al saber que no soy la única que ve a esos ángeles y hace viajes por jardines de flores en el cielo. Ahora que me he hecho hablar de ello, he descubierto que, en realidad, es un alivio. Algunas personas me miran raro cuando les cuento esto, pero no puedo permitir que esto me detenga. La gente necesita saber que este tipo de cosa existe. Si mi madre no me hubiese llevado a Los Ángeles, no sé en qué estado me encontraría hoy. A cambio, espero que mis palabras puedan ayudar a alguien más.*

## Nuestra esencia: La intersección de la conexión con el campo de energía, nuestro cuerpo y nuestra verdad

En la Experiencia de la Sanación Reconectiva es importante comprender que no estamos intentando sanar ninguna *cosa* concreta. Puede que a alguien le duela la espalda. Lo creas o no, *no es tu trabajo (ni tu papel ni propósito superior) sanar el dolor de espalda de esa persona,* por mucho que nosotros, él o ella o su madre puedan haber adoptado la convicción y el deseo de que lo hagamos. No estamos aquí para centrarnos en los síntomas. El dolor de espalda es un síntoma de *algo* (y ese *algo* es exactamente de lo que se ocupará la SR), que es independiente de la intención humana. Aunque no está limitado a la sanación física, *ELLO,* como expresión de equilibrio y orden infinito, también puede intervenir en ese lugar o espacio de lo físico.

¿Cuál *es* tu esencia? Algunos puede que lo llamen alma, pero podemos decir, sin temor a equivocarnos, que nuestra esencia forma parte de nuestra forma no física. Un físico cuántico puede considerar que tu esencia es una cosa, un miembro del clero puede considerar que es otra cosa distinta, y un ateo que es algo totalmente diferente. Los autores Jeff Carreira y Jeff Hamilton lo describen como un tipo de nuevo principio: «Abandonando cualquier inversión en el poder de la mente para saber, descubriremos la inocencia primordial de nuestra propia verdadera naturaleza, que paradójicamente abre la puerta a una fuente infinita de sabiduría».

Diríamos que nuestra esencia es la verdad sobre quiénes somos. Es a través de esta verdad (nuestra esencia) como *ELLO* interactúa, se sincroniza con nosotros y se experimenta a sí mismo; y aquí nos encontramos con uno de los descubrimientos más profundos, de las verdades más profundas de la Sanación Reconectiva: No *enviamos* la sanación, sino que la *recibimos*... nos *convertimos* en ella, y nuestra mismísima presencia la *acelera y expande*. Aquí nos convertimos de verdad en un catalizador en la sapiencia de que una sanación puede darse en cualquier lugar en el que nos encontremos. Así, a través de nuestra *atención*, y no nuestra *intención*, nos convertimos en un participante atemporal en una interacción de tres vías entre nuestra encarnación *local* (cuerpo), nuestra atemporalidad *no local* de ser (esencia) y el Antes-Más Allá.

Un buen ejemplo: Cuando los alumnos de nuestros programas de formación empiezan a sentir, tirar, estirar e interactuar con las frecuencias de la Sanación Reconectiva, vemos cómo experimentan un surtido de emociones que oscilan entre el miedo y la frustración hasta la libertad y la liberación sin esfuerzo. Mientras les orientamos hacia las camillas en las que interactúan los unos con los otros, el poder del tres asciende como el Ave Fénix.

Este estado de reconocimiento exaltado es alcanzado cuando aunamos esfuerzo con otra persona en el murmullo de la Energía, la Luz y la Información y nos convertimos en uno: uno con la otra persona y uno con la Inteligencia Universal, la reunificación de *la humanidad de lo físico con la humanidad de lo espiritual*.

Para muchos pueblos, culturas y religiones, el número *tres* tiene una gran importancia, como si estuviera dotado de cualidades místicas. Pero el tres no es sólo un número asignado a las historias de nuestros orígenes y las religiones, sino que también es un número muy poderoso en la ciencia. Por ejemplo, es el único número primo inferior, en una cifra, a un cuadrado perfecto.

En las tradiciones como el taoísmo, el hinduismo, el budismo, el judaísmo y el catolicismo, el número tres también sirve para proporcionarnos conocimientos sobre la naturaleza triple de la realidad, además de nuestra relación con ella. En *El libro tibetano de los muertos*, los «Tres Cuerpos de la Budeidad» se correlacionan con el cuerpo, la mente y el espíritu. En la cristiandad, esta idea podría haberse revestido sobre la idea de los tres aspectos del Dios único: el Padre, el Hijo y el Espíritu Santo. Todos estos conocimientos dan crédito al modelo de que un ser humano es uno con Dios, el Amor, la Fuente, El Que Es, la Inteligencia Universal, el Antes-Más Allá o cualquier otro nombre que te haga sonreír.

En *Buda viviente, Cristo viviente*, cuando el monje budista vietnamita Thich Nhat Hanh celebró una reunión con un miembro del clero cristiano, afirmó: «Le dije al sacerdote que sentía que todos nosotros tenemos la semilla del Espíritu Santo en nuestro interior, la capacidad de la sanación, la transformación y el amor. Cuando tocamos esa semilla, podemos tocar a Dios el Padre y a Dios el Hijo».

Valoramos cómo la perspectiva de Hanh se relaciona con la Sanación Reconectiva: justo aquí, en medio de aquello a lo que se refería como Dios el Padre y Dios el Hijo, estamos *tú, yo y todos los demás*. Aunque la Sanación Reconectiva no tiene nada que ver con una religión concreta, mencionamos esto porque Hanh presenta la idea de la Trinidad como *el proceso del conocimiento directo de lo Divino*, un conocimiento que transciende a todos los nombres, rituales y lenguajes religiosos.

De acuerdo con las pinturas prehistóricas encontradas en paredes de cuevas de toda Francia, España y otras partes del mundo, y que más tarde se han dado a conocer a través de las historias, mitos y textos religiosos de nuestros orígenes, parece que incluso nuestros primeros antepasados comprendían esta naturaleza triple de la existencia humana.

La naturaleza inquisitiva de la humanidad, además de las preguntas que surgen de la mente humana, son, en un sentido, responsables de nuestro éxito evolutivo. Nos han animado a hurgar en nuestros orígenes, nuestro lugar en el mundo y en el Universo. Al mismo tiempo, esta adquisición de conocimiento nos ha llevado a nuestra comprensión actual sobre dónde nos encontramos hoy y quiénes somos en este momento en la historia; pero ahora ha llegado el momento de ir más allá del conocimiento, más allá de la mente.

Los humanos somos comunicadores por nuestro diseño y nuestra evolución, y nos vemos empujados a interactuar los unos con los otros y con el mundo a nuestro alrededor. No estamos aquí sólo para comprender nuestro momento actual, sino también para apreciar los aspectos mayores y no vistos de nuestra existencia.

¿Pero qué pasaría si hubiese un lenguaje más allá de las palabras que pudiéramos aprender sin necesitar memorizar vocabulario o aprender gramática, sintaxis u otras pragmáticas? ¿Una universalidad de comunicación ya no definida por nuestras historias? ¿Un lenguaje completamente inclusivo sin ninguna distinción relacionada con la salud, la riqueza, el género, la creencia religiosa, la orientación sexual o incluso la proximidad los unos con los otros?

¿Podría ser que uno de los símbolos preciados de nuestra humanidad (*el lenguaje verbal*) estuviera minando nuestros mejores intentos por superar la incapacidad de nuestra mente de concentrarse? ¿Es posible que hayamos superado las barreras impuestas en nosotros por las palabras y las imágenes? Puede que estemos preparados para «hablar en Energía, Luz e Información», un enfoque diseñado para llevarnos a un intercambio universal muy coherente. La Sanación Reconectiva no sólo es un lenguaje en sí mismo, sino que también es la piedra de Rosetta, la *clave espiritual* para el nuevo lenguaje universal del cosmos de la humanidad.

## El observador y el observado

Imagina tener un sueño en el que puedes verte desde la perspectiva de una tercera parte. Quizás estés saliendo de una habitación y te veas desde detrás, o que estés flotando sobre una escena y te veas interactuando con otros. La mayoría, por no decir todos nosotros, hemos experimentado esta perspectiva en un sueño o en otro estado de consciencia en un cierto grado u otro.

¿Cuáles son los hilos comunes a lo largo de estas experiencias?: A) No necesitamos nuestros ojos físicos de la forma en la que podríamos necesitarlos en nuestra existencia terrenal tetradimensional; y B) Somos capaces de vernos desde un nuevo aspecto de la dimensión expandida, al contrario que la reflexión limitada que vemos al mirarnos frente a un espejo.

En una Experiencia de la Sanación Reconectiva pasa esencialmente lo mismo. Como facilitador, eres tanto el observador como el observado. En primer lugar, esto significa que estás observando. Estás observando registros, sentimientos, expresiones faciales y mucho más. Al hacerlo, estás observando muchos aspectos de la *conexión con el campo de energía*. Hay muchas cosas que observar: mucho más de lo que cualquiera de nosotros es conscientemente capaz de percibir.

Simultáneamente, te estás observando *a ti mismo*. Quizás puedas ver lo que estás sintiendo. Sensaciones nuevas o inesperadas. Frío o calor. Humedad o sequedad. Vibración o quietud. O frío, calor, humedad, sequedad, vibración y quietud al mismo tiempo. En la Inconsciencia Consciente, probablemente incluso verás ideas o pensamientos inesperados apareciendo en tu mente. Probablemente te encontrarás en un lugar en el que puedes estar en silencio, en conexión con el campo de energía, en paz, con falta de crítica y en presencia. Y habrá una alta probabilidad de percepciones visuales, auditivas, olfativas, emocionales y más. Ahora eres tanto el observador del receptor como el observador de ti mismo, que también estás en conexión con el campo de energía. Es *ahora*. Es en el ahora *eterno*. El *infinito* es ahora. Es anterior a la mente pensante. Es anterior al propio tiempo. Antes de que la mente pensante perciba todo o cualquier cosa en la ilusión dual del sujeto/objeto (en este ejemplo, el observador y el observado) sólo hay unicidad. Tú no eres el sujeto *o* el objeto, el observador *o* el observado. Tú eres el sujeto *y* el objeto, el observador *y* el observado. **Tú eres la propia observación.**

Cuando experimentas esta profunda sensación de unicidad, *eres tú en completa tranquilidad. La experiencia no precede a la conciencia: la conciencia precede a la experiencia. La conciencia revela toda experiencia.* No estás dirigiendo ni intentando determinar el resultado con intenciones. A medida que la experiencia se despliega, existes en pura existencia. Citando a Rupert Spira: «Eres la presencia abierta, vacía, permisiva de la Conciencia, en la que los objetos del cuerpo, la mente y el mundo aparecen y desaparecen, con los cuales son conocidos y, en último término, a partir de los cuales se hacen. Simplemente percibe eso y sé eso, intencionadamente».

## Convertirte en la sanación se convierte en ti

Mucha gente pierde enormes cantidades de tiempo y energía creando intenciones y listas de verificación de intenciones para atraer lo que quieren o lo que sienten que necesitan en su vida. Hay poca rendición de cuentas cuando creamos una intención. Sin embargo, hay una gran rendición de cuentas cuando ponemos nuestra atención en algún lugar con sinceridad y pureza y luego miramos pacientemente mientras toma forma. La gente hiperanalítica nunca hará eso. A ella le parece muy incierto dedicar su atención a algo, rendirse y observar pasivamente, permitiendo que aparezca y tome su propia forma. El vínculo con el pensamiento de hacer esto y la posibilidad de no obtener exactamente lo que quieren es un gran disuasor para ellos. Como ejemplo, si quieren amar, la idea de permitirse simplemente *convertirse* en amor y, por consiguiente, atraer a su pareja perfecta, en lugar de intentar *diseñar* su pareja perfecta con todo lujo de detalles, es una opción demasiado amedrentadora; parece arriesgada, llena de incertidumbre. En verdad, es cualquier cosa *menos* eso. El reto al que se enfrenta el hiperanalítico al abordar la Sanación Reconectiva, es que ésta requiere de desprenderse de la falsa sensación de control a la que se han acostumbrado. Para sanar, para ser verdaderamente un sanador, debes desprenderte de esa falsa sensación de control para *convertirte en la propia sanación*. Es sólo dejando ir y recibiendo la forma en la que *la sanación perfecta se transformará en realidad*.

Este es el don de la Inconsciencia Consciente de la Experiencia de la Sanación Reconectiva. Es la oportunidad definitiva para que la mente se dé un respiro de pensar mientras nuestra esencia, sin diluir, expresa más cómodamente *SU* verdadera naturaleza.

Por lo tanto, perdónate y disfruta de tu sentido cómico innato y tu elección del momento adecuado si, cuando leas esta cita de Vincent Van Gogh («Pongo mi corazón y mi alma en mi trabajo, y he perdido la cabeza en el proceso…»), tu cómico irreverente interior mete cuchara diciendo: «Por no mencionar una oreja, Vincent, por no mencionar una oreja».

Las frecuencias de la Sanación Reconectiva interaccionan con nosotros de forma muy parecida a cómo la energía de un único átomo de una semilla ayuda a que se abra su cubierta para que fructifique una flor naciente, en una latencia perfecta y un puro potencial. Desde el Antes-Más Allá hasta el nacimiento de toda experiencia, recuperamos la conciencia, esa parte perfecta y atemporal de nosotros, siempre plena y completa.

Aquí tenemos una revisión rápida de algunos de los ítems de este capítulo antes de pasar al ejercicio:

No sólo somos más que nuestros pensamientos y nuestro cuerpo físico: *existimos* en una organización más allá de lo que nuestra mente y nuestros pensamientos pueden percibir. *La Inteligencia de la Sanación Reconectiva va antes* que el pensamiento, *antes* que la mente, *antes* que el tiempo. Nos encontramos en quiescencia y coherencia en el momento en el que interactuamos con estas frecuencias mientras no interactúan con la mente pensante.

Hemos hablado del valor de ser conscientemente consciente de El Que Es «mientras se está consumando» y que el punto de unión con la Energía, la Luz y la Información existe en algún lugar *antes* de nuestros pensamientos, *antes* de nuestra mente pensante, en el Antes-Más Allá y, por tanto, en el trasfondo de toda experiencia conocida. En el momento en el que empezamos a pretender, dirigir, controlar, esperar o predecir resultados, muestra receptividad al potencial infinito disminuye y se nubla.

El conocimiento es un conjunto de pasos que nos lleva a un punto de partida en el que podemos entrar en la sabiduría: una consciencia/conciencia sin campo, sin estado y pura.

Hemos aprendido que las frecuencias de la Sanación Reconectiva interrumpen la mensajería negativa y permiten que los programas de autosabotaje se desvanezcan y no regresen. Es un intercambio en el que *tu sanación se convierte en la conciencia de tu completitud.*

*Hemos revisado la distinción entre Instinto e Intuición.* Tu instinto es tu *sapiencia instantánea e incondicional.* Es *anterior* al pensamiento. La intuición es aprendida y, en grado variable, se ve impregnada de y nublada por el pensamiento y la opinión. Con la Sanación Reconectiva no es necesario que te veas implicado cognitivamente en el proceso, y es mejor que no lo estés. No estamos intentando sanar ninguna *cosa* concreta... *tampoco es tu trabajo ni tu propósito más elevado hacerlo.* No *enviamos* la sanación: la *recibimos,* nos *convertimos* en ella (y nuestra mismísima presencia la *acelera* y la *expande*). Una sanación puede darse en cualquier lugar en el que estemos. Así, mediante nuestra *atención* (no nuestra *intención*) nos convertimos en un participante atemporal en la sanación.

Estamos preparados para «hablar en Energía, Luz e Información», un enfoque diseñado para llevarnos a un intercambio universal altamente coherente. No eres el sujeto *o* el objeto: eres el sujeto *y* el objeto, el observador *y* el observado. En último término eres la observación propiamente dicha y, por lo tanto, eres Unicidad.

*La experiencia no precede a la conciencia, la conciencia precede a la experiencia. La conciencia revela toda experiencia.*

Es sólo dejando ir y recibiendo como *surge la sanación perfecta.*

**Ejercicio 4:**
*Flotando libremente en las frecuencias*

Antes de empezar con este ejercicio, te recomendamos que, si tienes el primer libro de Eric, *La reconexión: Sana a otros; sánate a ti mismo,* releas los ejercicios del capítulo 19 («Encontrar la energía»). Si no tienes ese libro, aquí tenemos una pequeña porción del capítulo, tal y como está conectado con este ejercicio:

*El ejercicio de flotación*
*El siguiente ejercicio que deberás hacer es el llamado de flotación. Imagina que la habitación en la que te encuentras está llena de agua hasta la parte baja de tu pecho. Comienza con tus manos y brazos en*

*la posición anatómica normal[1] y después permítelos flotar hasta la superficie del agua. Siente cómo flotan sostenidos por el agua. También, permítete a ti mismo sentir la tensión de la superficie sujetando ligeramente las palmas de tus manos. Mientras tanto, observa las distintas sensaciones de tu experiencia. Cuando estás trabajando con un paciente en la camilla, ésta es una de las formas en las que serás capaz de establecer una conexión con su campo de energía. Hacer esto correctamente, en la mayoría de los pacientes, hará que comience la demostración de sus registros (las respuestas físicas involuntarias, que a menudo son visibles).*

Ahora, iniciemos este ejercicio introduciendo algunas nuevas dimensiones en él. Para empezar, ponte de pie en una postura cómoda con los pies separados a la misma distancia que hay entre los hombros, y permite que tus manos se sientan como si estuviesen flotando más o menos a la altura de la cintura, sobre la superficie del agua y con las palmas hacia abajo.

Siente cómo flotan, dejándolas a la deriva. Si sientes la inclinación a hacerlo, imagina unas pequeñas y suaves corrientes bajo la superficie del agua y mira en qué dirección empujan, tiran u orientan tus manos. Presta especial atención a las sensaciones que puedas percibir en las palmas y permite que tus manos se muevan hacia donde sean dirigidas. Si no estás sintiendo o percibiendo que estén siendo dirigidas hacia ningún lugar, no pasa nada. Simplemente permite que permanezcan donde estén.

A continuación, vamos a introducir otra capa en nuestra exploración. Haz memoria y retrocede mucho, hasta llegar a un juguete que fue presentado por primera vez al público en 1971: el *Weeble*. Para aquellos de vosotros que no estéis familiarizados con el aspecto de un Weeble, tómate un momento y búscalo por Internet. Vale la pena que veas una imagen antes de que continuemos. Su eslogan era «Los Weebles se tambalean, pero nunca se caen» (eran una especie de tentetie-

---

1. Tal y como se mostró en *La reconexión: Sana a otros; sánate a ti mismo*, ésta es la posición que tus manos adoptan automáticamente cuando tus brazos y manos están colgando a ambos lados de tu cuerpo cuando no eres consciente de ellos.

so). Si no eres de Estados Unidos, probablemente reconocerás a los Weebles una vez que veas una imagen. Antes de empezar, te recomendamos que hagas este ejercicio muy suavemente, de modo que tú, al igual que el Weeble, no te caigas. Si necesitas hacerlo sentado o en otra posición, siéntete libre de hacer modificaciones a medida que avances para que el ejercicio se adapte a tu comodidad, equilibrio y otras necesidades.

Con las palmas de tus manos flotando ahora sobre la superficie del agua, mantenlas bastante quietas y en una relación o a una distancia cómoda con respecto a tu cuerpo. Ten las rodillas completamente extendidas y balancéate de lado a lado. Al hacer esto, permite que tus tobillos sean tu principal punto de giro y siente la superficie del agua mientras se desliza suavemente bajo la superficie de tus palmas. Balancéate suavemente desde tus tobillos, experimentando con el movimiento lateral (de lado a lado) y luego juega con un movimiento hacia delante y hacia atrás, seguido después de jugar con un movimiento circular.

Fíjate en cómo los distintos movimientos proporcionan variaciones en cuanto a cómo se siente el agua mientras se mueve debajo de tus palmas. Una vez que te sientas cómodo y como en casa con esto, añadamos otra variable. Para una comprensión sensorial de lo que estamos a punto de hacer, juguemos primero un poco con un recuerdo sensorial de la vida cotidiana.

La mayoría de nosotros hemos estado antes sobre unas escaleras mecánicas, y la mayoría hemos dejado reposar nuestra mano sobre el pasamanos mientras subíamos o bajábamos por las escaleras mecánicas. Sin embargo, puede que no todos hayamos notado que, generalmente, el pasamanos se mueve a una velocidad ligeramente distinta a la de los escalones. Si prestas mucha atención, te encontrarás con que, aunque tú y la mano que está reposando sobre el pasamanos os estáis moviendo en la misma dirección, puede parecer como si tu mano se estuviera viendo tirada a una velocidad ligeramente superior que tu cuerpo. Nos gustaría que aquí emplearas, intencionadamente, esta conciencia, este *recuerdo de los sentidos*.

Para hacerlo, vuelve a dejar flotar tus manos sobre la superficie del agua. Mientras balanceas, desde tus tobillos, hacia la izquierda, permite que tus manos se deslicen hacia la izquierda a una velocidad ligeramente superior a la que se está moviendo tu cuerpo. Presta atención a la sensación de tus manos y tu cuerpo moviéndose en la misma dirección, pero a estas dos velocidades distintas al mismo tiempo. Luego haz lo mismo hacia delante y hacia atrás. En otras palabras, mientras te balanceas hacia adelante, permite que tus manos se deslicen hacia adelante a una velocidad ligeramente superior. Ahora haz lo mismo en la otra dirección mientras te balanceas hacia atrás.

A continuación, mientras te balanceas hacia delante y hacia atrás, permite que tus manos se muevan más circularmente. Luego repite esto mientras te mueves de lado a lado. Tus manos pueden moverse circularmente igual la una con respecto a la otra, y luego permite que se muevan independientemente la una de la otra: quizás podrías mover tu mano derecha en sentido horario mientras la izquierda lo hace en sentido antihorario.

Quizás hasta quieras experimentar con modificar el ángulo o la inclinación de tus manos mientras haces esto, permitiendo que se sientan medio sumergidas en el agua, como si estuviesen empujando contra el agua.

Añadamos otra dimensión a nuestro juego. Puede que hayas notado lo siguiente mientras estabas haciendo esto: que tu cabeza hubiera empezado a inclinarse de forma natural en una dirección u otra y que tus ojos hubieran empezado a mirar hacia un lado u otro, además de moverse ligeramente hacia arriba o hacia abajo. Incrementemos nuestro nivel de conciencia activa implementando intencionadamente estos conceptos adicionales. Inclina tu cabeza en cualquier dirección que quieras y permite que tus ojos se muevan hacia la derecha o la izquierda, hacia arriba o hacia abajo. Explora lo que este aumento de «escucha activa» o conciencia activa añade a tu experiencia; y siéntete con la libertad de jugar con esto a lo largo de tu jornada y fíjate en cómo complementa tu nivel cotidiano de conciencia, tu conciencia *multidimensional* (aunque puede que no quieras hacer esto en lugares concurridos por razones que, si todavía no son lo suficientemente claras para ti, probablemente lo serán si lo haces).

Antes de pasar al siguiente capítulo, has de saber esto: A medida que permites que *ELLO* fluya en tu vida, vas a recibir muchos dones nuevos, que no siempre serán los que podrías haber previsto, ya que frecuentemente serán dones que irán mucho más allá de tu imaginación. Uno de los principales dones otorgados por la Inconsciencia Consciente es la *certidumbre incluso en medio de un caos extremo.*

Esta anomalía verdaderamente hermosa e inexplicable nos presenta una nueva comprensión de nuestro mayor papel hasta el momento: el catalizador para la sanación.

1. ¿Qué he aprendido de este capítulo?
2. ¿Qué he descubierto con este ejercicio?
3. ¿Qué ideas son nuevas para mí?
4. ¿Qué ideas son distintas de lo que podría haber pensado?
5. ¿Qué ideas estoy considerando o contemplando ahora?
6. ¿Qué ideas son las que me resultan más naturales?
7. ¿Con qué ideas o conceptos tengo más dificultad o encuentro más desafiante aceptar?
8. ¿Con qué ideas o conceptos tengo más dificultad o encuentro más desafiante comprender?
9. ¿De cuáles de mis anteriores convicciones e ideas encuentro más difícil desprenderme y dejar ir?
10. ¿Qué ideas y conceptos encuentro más liberadores y empoderadores?
11. ¿Qué me ha permitido descubrir y en qué me ha permitido convertirme mi voluntad de no saber?
12. ¿Qué me permitirá mi voluntad actual de no conocer descubrir en el futuro y en qué me permitirá convertirme?

*Responde a las preguntas anteriores con tus pensamientos, posibles respuestas, explicaciones, ideas, etc., lo mejor que puedas.*

*Si no sabes cómo responder a algunas de las preguntas anteriores o simplemente no dispones de las palabras, hemos diseñado un modelo de «rellenar los espacios en blanco» a continuación para que te ayude.*

1. No estoy seguro de saberlo, pero si lo supiese, la respuesta podría ser _____ .

2. No acabo de encontrar las palabras para explicar esto, pero si las encontrase, podrían ser _____.
3. No acabo de encontrar las palabras para describir esto, pero si las encontrase, podrían ser _____.

# CAPÍTULO 5

# EL DON DEL CATALIZADOR COHERENTE

*«Un… catalizador tiene la capacidad de desencadenar cambios
significativos y sostenibles, inspirar posibilidades y acelerar resultados.»*

VISHWAS CHAVAN

*Vishwasutras: Universal principles for living: Inspired by real life
experiences (Vishwasutras: Principios Universales para vivir: Inspirado
en experiencias de la vida real)*

Como encarnación física de la energía, los seres humanos son, en esencia, pedazos orgánicos de materia compuestos de átomos organizados y, pese a ello, el cerebro humano nos permite ser mucho más. Nos proporciona la capacidad de experimentar, reflexionar e interpretar nuestra vida cognitivamente.

¿Pero significa eso, mientras estás leyendo este libro, que estés creando, cognitivamente, una experiencia que no es real, que no exista? ¿Es todo esto una invención de tu mente, una matriz o una realidad virtual? Lo más probable es que descubras que este libro es un catalizador para abrir portales que te dan acceso a lo que anteriormente pasaba desapercibido o era inaccesible.

**Un catalizador** se considera que, generalmente, provoca, precipita y/o acelera una actividad entre dos o más personas o cosas. Es un ímpetu, un incentivo, una motivación, un estimulante, un agitador, una enzima, un impulso, una incitación, un incendiario, un reactivo, un sinergista, un estímulo radical, una bujía... es *inspiración*.

Se suele pensar en **un conducto** como en un canal, una tubería, un acueducto o u conductor. Basta decir que un conducto es un sistema de transporte o de entrega con una o más formas. En nuestro contexto, esta combinación infinita de *Energía, Luz e Información es el conducto*. A través de la *conciencia* de nuestra observación, funcionamos como catalizador para la interacción. Como catalizador en presencia de este conducto, y de lo que trae consigo, permites la revelación de una sanación que no ha sido previamente evidente en la vida de esa persona, frecuentemente ni siquiera contemplada conscientemente. Dentro de esta dinámica, ser el catalizador y la inspiración son realmente intercambiables. Así pues, piensa en ello de la siguiente forma: el conducto es el sistema de suministro para la sanación, y el catalizador aporta el don de la sanación a su fructificación definitiva. Así, la Experiencia de la Sanación Reconectiva es el evento catalítico.

Cuando recibimos el murmullo, una resonancia más elevadamente organizada, más elevadamente inteligente y coherente se forma en nuestras células, tejidos, ADN, el campo de energía que nos rodea, además de en nuestra realidad extrínseca. En esta relación, ya seamos el facilitador de la sanación o el receptor, desarrollamos, producimos y revelamos, individualmente, nuestra propia dinámica de sanación personal. Puede consistir en una sanación física visible, nuevos niveles de conciencia, un progreso acelerado de la vida en nuestra vida cotidiana o la certeza pura entre el caos aparentemente absoluto.

Cuando estás recibiendo o facilitando esta experiencia, tú, como el catalizador/inspiración, estás interactuando con el conducto de la conciencia pura. Es aquí donde las frecuencias están impulsándoos a los dos hacia un maravilloso *crescendo* y *todas posibilidades multidimensionales son factibles*. La coherencia se da en una brillante danza de inspiración, con cada uno de vosotros recibiendo inconmensurablemente más de lo que recibiríais como individuos en ese momento: más equilibrio, armonía, flujo, resonancia y vibración necesarias para tu bienestar profundo. En este intercambio, que no podría suceder mediante un proceso cognitivo, el mayor bien para tu existencia empieza a alinearse a un nivel que va más allá del pensamiento o la «razón». Por lo tanto, si alguien te sugiere que esto no es razonable, puedes, con toda certeza, sonreírles intencionadamente y asentir mostrado tu acuerdo. O lo captarán ahora o lo captarán más adelante.

Esta armonía resultante está diseñada especial y particularmente para ti. Para resumirlo: ELLO sabe dónde ir y qué hacer. Simplemente debes, hablando figuradamente, decir «¡Sí!» y hacerte a un lado. Las frecuencias habrán orquestado a la perfección experiencias únicas y personalizadas para todos. La Energía, la Luz y la Información son una sabiduría pura con el poder de discernimiento sin obstáculos por parte de los conceptos humanos del juicio, lo correcto o lo incorrecto; una sabiduría que se comparte e imbuye en nuestro interior la capacidad de convertirnos en nuestra mismísima sanación propia… sanándose a sí misma.

## ¿Has oído la anécdota sobre la incoherencia? No estoy seguro de haberla comprendido

Durante las últimas dos décadas, la coherencia se ha convertido en una palabra de moda que ha encontrado su lugar en el léxico popular. Pese a ello, para comprender mejor el ser un catalizador en el mundo de la sanación, echemos un vistazo en un poco más de profundidad a la idea de la coherencia.

En cualquier lugar que enseñemos en el mundo, independientemente de la ubicación o el idioma, gente de toda condición social quiere aprender más sobre la coherencia. Tom Atlee, del Co-Intelligence Institute, la describe muy bien: «La coherencia es una forma de completitud. Si las cosas son coherentes, encajan juntas de forma armoniosa». Figuras importantes entre las que se incluyen Nassim Haramein, Gregg Braden, Lynne McTaggart, el doctor Joe Dispenza y muchos otros están estudiando la coherencia a través de la lente de la neurociencia y la física cuántica.

La ciencia ha logrado medir distintos aspectos de nuestra coherencia, aunque la coherencia, por sí misma, no otorga una mensurabilidad perfecta; y como sabemos, nada puede medirse más allá de las herramientas científicas de las que dispongamos para hacerlo, razón por la cual nunca supimos que existían los rayos infrarrojos y los ultravioleta hasta que dispusimos del equipamiento para medirlos. La coherencia es, en realidad, una escala, pero el simpe hecho de que algo sea una escala no significa que esa escala disponga de un principio o un final medible o detectable.

Podríamos, fácilmente, perdernos en las matemáticas de la coherencia y las ondas. Pese a ello, no debemos preocuparnos: *En realidad no queremos hacer eso más de lo que tú quieres que lo hagamos.* Afortunadamente, aquí no estamos hablando de matemáticas *(y es de esperar que no lo hagamos en ningún punto de este libro).* Estamos hablando de Sanación Reconectiva. Por lo tanto, una vez más, recurramos a la mente brillante de Rollin McCraty, doctorado y vicepresidente ejecutivo de Investigación del HealthMath Institute para que nos ofrezca su definición de la coherencia:

**«La coherencia implica orden, estructura, armonía y alineamiento dentro de sistemas y entre sistemas (a lo largo de sistemas o subsistemas)… La coherencia también implica la posibilidad de integrar una gran cantidad de información o inteligencia en actividades, eventos, señales u ondas coherentes».**

La clave de la definición de McCraty es la de que mayores cantidades de información o inteligencia pueden transferirse a través de ondas. En la Sanación Reconectiva disponemos de nuestra propia definición, *más sencilla,* de la coherencia:

*La coherencia es nuestro estado natural cuando no hay ninguna interferencia.*

*Es la presencia o las cualidades de la paz, la gracia y la facilidad.*

La interferencia puede implicar el dolor del pasado o la ansiedad por el futuro o el centrarse en la carencia, el deseo, el dolor, el sufrimiento o cualquier otro aspecto del drama humano que nos saque del momento actual y nos lleve a un estado mental de miedo. Los pensamientos y los análisis de nuestro cerebro pueden crear mucha interferencia y estática; y al igual que al intentar sintonizar una cadena de radio, cuantas más interferencias haya, menos señal (o información) podrás captar. De forma similar con la Sanación Reconectiva, cuantas más interferencias experimentemos, menos información puede que nos permitamos captar cognitivamente. Sin embargo, date cuenta de que hemos dicho captar *cognitivamente.* Sí, recibimos la información; pero si no somos conscientes de ello, no lo experimentaremos a su máximo nivel.

En una entrevista hecha en 1962, Bob Dylan dijo: «Las canciones están ahí. Existen por sí mismas, simplemente esperando a que alguien las escriba». Estaba, claramente, aludiendo a esta interacción.

La mayoría de los artistas, escritores y músicos hablan del espacio en el que su mente consciente desaparece y se convierten en un canal abierto, un recipiente a través del cual las energías creativas fluyen libremente. En un intercambio de la Sanación Reconectiva, que el catalizador sea la inspiración es un papel y una identidad activos. Cuando nos convertimos en la inspiración, nuestros tejidos, nuestro ADN, nuestro corazón, nuestros biofotones (de hecho, nuestra esencia y todo nuestro ser) se convierten en consciencia inspiradora: Energía, Luz e Información para la persona con la que estamos trabajando, para la que vive al lado y para todos los seres vivos.

Como catalizador, estás reconectando toda la Sanación en sí misma. Estás reconectando todos los dones de todos los protocolos de sanación, todos los que son traídos a través de los métodos de sanación de la energía conocidos en el mundo, todos los que fueron traídos mediante aquéllos que puede que hayan sido olvidados, todos los que serán traídos a través de aquéllos que todavía no conocemos e infinitamente más, además de eso. Servimos a modo de denominador común Universal, permitiendo que todos nos comuniquemos, recibamos e interactuemos. De una forma muy real, estás compartiendo un contagio de amor y luz con el mundo.

## El catalizador como ímpetu inspirador

*«Aspira a inspirar antes de espirar.»*

Eugene Bell, Jr.

Hay tantas capas de perspectiva en la anterior afirmación. Es el catalizador que inspira que sucedan cosas, que se den a velocidades y/o niveles más altos, mayores o potenciados. Pese a ello, inspirar (*inhalar* o *aspirar*) y espirar (*exhalar*) son funciones de un conducto: es decir, nuestros orificios nasales funcionan como conductos bidireccionales para el aire que inspiramos y espiramos. La belleza del oxígeno sustentador de la vida fluye hacia nuestro interior, y el dióxido de carbono (que sustenta la vida de las plantas) fluye hacia nuestro exterior. Por lo tanto, el concepto de la inspiración en cuanto a su relación más mecánicamente con la respiración es un conducto, y pese a ello, la presencia del propio oxígeno y lo que hace en el cuerpo de muchas maneras, aunque no se clasifique *técnicamente* como tal, es un catalizador para permitir la optimización de las funciones corporales. De aquí que la respiración sea tanto un conducto como una actividad relacionada con un catalizador. Por lo tanto, aunque, por un lado, debes inspirar para espirar, por otro lado, si no inspiras, podrías muy bien expirar (y este mero cambio de una letra conlleva un significado muy diferente) algo antes de lo que habías planeado. Por lo tanto, tal y como sugiere Eugene Bell, Jr., aspiraríamos, indudablemente, a inspirar.

Puede que cuando pienses en la palabra *inspirar,* pienses en estar infundido de una nueva energía, una alegría ilimitada, un aluvión de creatividad o parte del sencillo, hermoso y vital acto de respirar. Pese a ello, la inspiración se convierte en algo todavía más fascinante al mirarla bajo el prisma de la Sanación Reconectiva.

Piensa en estas primeras siete acepciones de «inspirar» en el diccionario:

1. llenar de una influencia animadora, estimulante o exaltadora;
2. producir o despertar (un sentimiento, pensamiento, etc.);
3. llenar o afectar con un sentimiento, pensamiento, etc.;
4. influir o impulsar;
5. animar, como hace una influencia, un sentimiento, un pensamiento, etc.;
6. comunicar o sugerir mediante una influencia divina o sobrenatural;
7. guiar o controlar mediante la influencia divina.

La mayoría de nosotros no pensamos en nosotros mismos como una inspiración. Puede que parezca como si fuera una responsabilidad demasiado grande, un honor del que no nos sintiésemos dignos. Ser la inspiración puede sonar tan egoísta y autoengrandecedor que podríamos pensar para nosotros mismos que *Yo nunca podría ser una inspira-*

*ción*, y nos avergonzamos demasiado por el mero hecho de siquiera contemplarlo.

### *Una nota personal de Eric...*

Al verme a mí mismo como el «doctor Pearl», el «fundador», el «descubridor» o «el instrumento a través del cual la Sanación Reconectiva escogió revelarse», la gente suele pensar en mí como «el conducto»; pero si has leído hasta aquí, te darás cuenta de que, por supuesto, *eso no es verdad.* Sabemos que *ELLO*, como expresión de la Fuente, es el conducto. *ELLO* es la Inteligencia y la fuente que *SE* comunica en el lenguaje y las frecuencias de la Energía, la Luz y la Información.

Cuando acepté y entré en mi papel actual, el concepto de la *responsabilidad* surgió en etapas tempranas. *¿Qué pasaba si la sanación no «funcionaba»? ¿Qué pasaba si «no lograba» ocasionar los resultados deseados? ¿Qué pasaba si no disponía de la fuerza catalizadora interior para ser la inspiración de ELLO?* Descubrí cómo estaba permitiendo que distintos aspectos de mi ego o mi personalidad tiñeran u oscurecieran la claridad de mi papel.

Sin embargo, desde el principio, Jillian no pudo imaginar un propósito más elevado que aceptar este papel inspirador del catalizador. No pudo imaginar un propósito superior que servir a *ELLO*, y respaldarme en esta aventura. La naturaleza de Jillian es y siempre ha sido la del amor y el servicio altruista. Esta es una de las muchas cosas hermosas que me atrajeron de ella desde el principio y que siempre amaré de ella.

El papel de cada cual (el tuyo, el nuestro y el de todos los demás) consiste en revelar nuestra esencia. Esta es la fuerza de nuestra alma, que cada cual de nosotros encarna: el tejido conjuntivo vital que permite que cada uno de nosotros esté en nuestra conciencia de la Unicidad.

## Volverse consciente de la conciencia

Ahora tengamos en cuenta la naturaleza de la conciencia. Si miras un tulipán, ves un tallo largo y elegante que crece en sentido ascendente coronado por unos pétalos delicados y coloridos para formar la *flor.* Al observarlo más detenidamente, verás más de las partes del tulipán: los estambres y el pistilo, lo que indica que es tanto macho como hembra. También verías sus sépalos, el estilo, el ovario y quizás incluso algunos pequeños insectos que tienen ahí su hogar y muchas más cosas. ¿Cómo ha pasado ese sencillo tulipán de ser un simple tallo a ser algo mucho mayor?: Mediante la conciencia.

En el momento en el que diriges la conciencia a un tulipán completamente formado, la esencia del tulipán acaricia algo en *tu* esencia, y no tienes que pensar en cómo o por qué el tulipán te ha emocionado. Tu conciencia lo inspira y ello te inspira a ti.

Nos sumergimos en la experiencia.

Aquí tenemos la clave de la atracción gravitatoria inherente de la Sanación Reconectiva. Nos encontramos, casi al instante, en el punto inicial infinito que es el punto final (o en el punto *sin fin*), el Antes-Más Allá a partir del que surgen todas las experiencias: Experiencias que observamos por su belleza efímera y sus cualidades transitorias. Experiencias que vienen y van mientras mantenemos incondicionalmente nuestra conexión infinita.

Pero no somos la *suma* de esas experiencias. Somos su fuente.

En contraste, el enfoque de la ejercitación del cerebro funciona al revés. Su punto inicial consiste en intentar engañar a nuestro pensamiento para convertirse en lo que *pretendemos* poner de manifiesto. En otras palabras, dirigir la experiencia para generar un resultado pretendido.

Bienvenido a la nueva física. Ciertamente, sabemos que la energía genera materia. Tu pensamiento genera unas posibilidades interminables siempre que *tú* sigas pensando en ellas; pero esto puede resultar ser un enfoque bastante agotador.

Dos características sobre la ejercitación del cerebro:

1. Es mucho trabajo.
2. Requiere de un mantenimiento sin fin.

Dos características de la Sanación Reconectiva:

1. No requiere de trabajo.
2. No requiere de mantenimiento, excepto por la conciencia.

Tanto si se trata del olor de un tulipán (sí, amigo, algunas variedades de tulipanes *tienen* olor), la melodía de una pieza musical, la pincelada de un cuadro, o la esencia estimulante de alguien a quien amas flotando a través de ti, se da un intercambio instantáneo. Eso es inspiración.

En resumen: el don del catalizador en coherencia nos permite comprender y experimentarnos a nosotros mismos como *SU* inspiración, y esa inspiración misma es nuestra condición de ser más coherentes. Como llama individual, como parte de la llama colectiva, este es nuestro propósito. Quizás, como consciencia colectiva, estamos reconociendo, finalmente, que somos más que nuestro cuerpo físico, que algo mayor existe en nuestro interior.

## Nuestra verdadera identidad

Podemos discernir fácilmente la diferencia entre el yo ilusorio que presentamos al mundo y la naturaleza de nuestro verdadero yo en nuestro interior. Al hacerlo, permitimos que la *esencia de nuestro ser* se convierta en la fuerza más dominante, en lugar de nuestra mente.

En este intercambio, tu corazón empieza a tener un lenguaje suyo propio. En lugar de dedicar tu atención a una flor hermosa, una canción, un cuadro, una preciosa historia de amor, tú *te conviertes* en la hermosa flor, la canción, el cuadro, la preciosa historia, el amor. Esto es lo que significa ser la propia inspiración, el papel que llegamos a interpretar en nuestra vida cotidiana: el catalizador para el conducto.

## ¿Quién hace qué? El conducto, el catalizador y las frecuencias sanadoras

Puede que encuentres la idea de convertirte en sanador interesante e incluso cautivadora. La cosa es que, aunque puede que *quieras* ser un sanador, quizás también estés albergando dudas fastidiosas sobre ti mismo y lo realista que es la posibilidad de que seas uno. Puede que te encuentres con que te has situado en un estado continuo de esfuerzo por convertirte en lo suficientemente *bueno*, lo suficientemente *espiri-*

*tual*, lo suficientemente *digno*: quizás incluso lo suficientemente *sano*; y *esforzarte* por convertirte en estas cosas te mantiene a una distancia perpetua, en un futuro perpetuo. No es ni tu sistema de creencias ni tu ser físico el que media las sanaciones: es tu *esencia*, lo que es *siempre perfecto*. *Siempre* significa *siempre*, y *siempre* significa *ahora*. En otras palabras, ha llegado el momento de que dejes de esforzarte por convertirte en lo que ya eres, que dejes de mirar hacia un futuro imaginario en busca de lo que ya existe en el presente...: *tú*.

La Experiencia de la Sanación Reconectiva no requiere que cambies nada sobre qué o quién eres ya. Ninguna otra cosa más que la ilusión de la autocrítica lo hace realmente. Para interactuar no necesitas elevar la frecuencia de tu energía ni hacer nada para obtener resultados. La optimización que se da a través de la experiencia sucede sin que sea necesario ningún trabajo preparatorio. De hecho, cuanta menos preparación, mejor. Cuantas menos expectativas y menos apego, más libertad para que esta inteligencia vaya donde sabe que tiene que ir y para que haga lo que mejor sabe hacer. Cada uno de nosotros ya es suficiente tal y como es; y si has llegado aquí en este libro, esto te incluye a ti, y punto.

## ¿Qué tienen que ver la sanación y el juego la una con el otro?

Para el neófito, e incluso para el sanador de la energía experimentado, usar la palabra *jugar* en el contexto de la sanación puede resultar un tanto desafiante.

Cuando estamos sanando a alguien o sanándonos a nosotros mismos, la idea del juego puede parecer reducir la importancia del proceso de la sanación. Al principio, como nuevo estudiante, podemos entrar en la sesión de sanación con un deseo por el control y la precisión, para dar lugar a cambios explícitos. Queremos sentir que estamos *haciendo, haciendo, haciendo*... y haciéndolo *bien*. Si estamos centrados, como miopes, en sanar también una parte de nosotros, el medidor del control se disparará todavía más. El momento del redoble de tambor se da cuando nuestra conciencia de *ELLO* se amplifica y nos encontramos a nosotros mismos guiados, instantánea e inexplicablemente, hacia una interacción eterna con lo desconocido, lo todavía no conocido, lo incognoscible, lo no visto, lo no visible y, en último término, el *nuevo conocimiento* del mero hecho de ser. Y el redoble de tambor, junto con todo el resto, se desvanece en el silencio.

*Si*, no obstante, puedes seguir siendo el observador imparcial, *si* puedes permanecer en ese estado infantil de recibir, implicarte en el proceso de sanación a este nivel se convierte en un juego.

Experimentar el arte del juego en la Sanación Reconectiva es tan inolvidable como la primera vez que te mantuviste a flote en el agua salada del mar sin usar los brazos ni las piernas, o como cuando miraste, maravillado, una puesta de sol mientras nuestra estrella se escondía tras el horizonte, o la sensación de euforia de tu primer beso. Nos ruega que encontremos el equilibrio entre la curiosidad cósmica y la sed insaciable de nuestra mente para conocer el cómo y el porqué de todo. Las preguntas del cómo y el porqué pueden ser importantes para espolear la evolución social hacia adelante, pero también le dan a la mente permiso para crear la ilusión de la otredad. Cuando esa ilusión se desmorona, la distancia se derrumba; y cuando la distancia se derrumba, todo lo que queda es la Unicidad.

*Tomémonos un momento y revisemos algunos de los puntos de este capítulo antes de pasar al ejercicio. Fíjate en cuántos de estos puntos recuerdas.*

En este capítulo hemos explorado el abrir portales que te proporcionan acceso a lo que previamente ha pasado desapercibido o era inaccesible, nuestro papel como catalizadores y la diferencia entre eso y ser un conducto. Hemos reconocido la Sanación Reconectiva como la reunificación de todos los protocolos de comunicación en el campo de la sanación y que recibir un «murmullo» permite una resonancia más elevadamente organizada, inteligente y coherente para formar nuestras células, tejidos, ADN, campo de energía y nuestra realidad extrínseca, y que esto aporta orden, estructura, alineamiento y armonía a nuestra vida. Hemos hablado del experimentar, además de *ser* certeza en el caos aparente, de la coherencia como nuestro estado natural, de facilitar la sanación de forma tan natural como inspirar y espirar, de volverse consciente de la conciencia, del punto de inicio además del punto infinito. Nos hemos revelado que no es nuestro sistema de creencias ni nuestro ser físico lo que media la sanación. Es nuestra *esencia, que es siempre perfecta*. Nos hemos dado cuenta de que, en la sanación, cuanto menos planificación cerebral y preparación intencional, mejor; y, explicado simplemente, hemos descubierto que seguir siendo el observador independiente en un estado infantil de expectativa y recibir es un verdadero don para todos los implicados.

Por lo tanto, ahora, pasemos a la primera parte de un ejercicio, dividido en dos piezas, llamado *Te veo con mis ojos*.

**Ejercicio 5:**
*Te veo con mis ojos, parte 1*

Ahora estás preparado para avanzar hacia un tipo distinto de ejercicio: uno que implica más específicamente a tus ojos. Aunque la Sanación Reconectiva no consiste en intentar ocasionar o provocar ciertas respuestas, hay, ciertamente, un nivel de *capacidad de respuesta* que a veces se muestra de *algunas* formas, y en otras ocasiones de *otras* formas. Es lo inesperado lo que ayuda a mantener nuestra fascinación y curiosidad, y es nuestra fascinación lo que nos ayuda mantenernos en presencia.

Para este ejercicio puedes hacer la primera parte por tu cuenta. Sin embargo, una advertencia: *No hagas esto mientras haya otras personas cerca, o podrían pensar que estás loco.*

Para empezar, ten una mano abierta, con la palma encarada a ti y los dedos separados tanto como puedas cómodamente. Mantén los dedos abiertos y quédate mirando la palma de tu mano. Simplemente mírala fijamente. Mírala y permite que cualquier situación que pueda darse llegue a tu palma. Nota tus dedos. Nota si, y cuando, empiezan a moverse. Generalmente empieza un dedo y luego más se unen. Simplemente observa, percibe y ve lo que sucede en tu caso. Ahora hazlo con tu otra mano. Cada mano tiende a tener su propio tipo singular de respuesta.

Puede que hayas mostrado un sutil movimiento de los dedos o que hayas visto movimientos mayores y más obvios y demostrables. *Pero llevemos esto al siguiente nivel,* porque puede que esto se convierta en uno de los ejercicios más intrigantes en el campo de la Sanación Reconectiva que puedas haber experimentado hasta el momento. Una vez más, queremos tomarnos este momento para reforzar nuestra recomendación de que leas *La reconexión: Sana a otros; sánate a ti mismo* y veas *The portal,* el curso *online* de nivel 1 de la Sanación Reconectiva para sacarle todo el jugo a estos ejercicios y experiencias; pero incluso aunque no hayas llevado a cabo ninguno de ellos todavía, lo más probable es que estos ejercicios se manifiesten sorprendentemente bien para ti.

Así que aquí viene el gran salto. *¡Sabemos que estás listo!* Sin embargo, una cosa: esta parte del ejercicio requiere que un voluntario trabaje contigo. Sabemos que la idea de encontrar a alguien para que practiques este ejercicio puede hacerte sentir quejoso; pero haznos caso: una vez que hagas esto, será más que probable que quedes tan sorprendido, inspirado y eufórico con lo que observes, además de con lo que oigas decir a la otra persona, que buscarás rápidamente a la siguiente persona con la que poder hacer esto. Por lo tanto, abróchate el cinturón: ¡Allá vamos!

Toma a un amigo, un miembro de tu familia, un amigo de un amigo, un amante, un examante, o un perfecto desconocido. No importa si creen en esto o no. El principal requisito es que respiren y estén dispuestos a estirarse cómodamente boca arriba sobre una mesa de masaje, a lo largo de los pies o el lado de una cama, sobre un sofá o incluso que se sienten en una silla. Entonces pídeles que permitan que sus ojos se cierren y se dejen ir.

Mientras tu voluntario esté tumbado o sentado, con los ojos cerrados y relajado, puedes, valientemente, tomar tus manos y situarlas detrás de tu espalda. Eso es. Vamos a trabajar sin nuestras manos. Vamos a trabajar con nuestros ojos.

En primer lugar, trabaja con uno de los ojos de la persona y míralo fijamente durante unos seis segundos. Ahora mira a su otro ojo durante más o menos el mismo tiempo. Regresa a primer ojo y repite. A medida que vayas pasando de un ojo al otro, puedes decidir hacer esto simplemente desplazando tu mirada u optando por implementar el balanceo como el de un Weeble o tentetieso del que hemos hablado en nuestro ejercicio del capítulo 4. Ambos traen consigo unos registros interesantes y suponen unas experiencias ligeramente distintas. Querrás jugar, experimentar y averiguar qué es más interesante. Quizás decidas trabajar de distintas formas en distintos momentos y con distintas personas.

Ahora gana un poco de velocidad lentamente, pasando de acá para allá, pasando del ojo derecho de la persona al izquierdo y de vuelta. Céntrate, por ejemplo, en cada ojo unos dos segundos, luego un segundo en cada uno de ellos, y luego pasa de un ojo al otro incluso más rápidamente. Observa cómo esto afecta a la velocidad de los registros de sus ojos (movimientos involuntarios), además de a su intensidad. Luego detente y tómate una pausa.

A continuación, queremos que, concentrado en silencio, te inclines o dobles ligeramente hacia delante hasta que tus ojos se encuentren directamente encima de los labios de tu compañero. Permanece de pie de forma que te encuentres a aproximadamente medio metro de la persona (se supone que esto no tiene que convertirse en un momento físicamente íntimo). Fija tu mirada, de modo que estés mirando directamente al punto donde sus labios se unen, quizás hasta imaginando que puedes ver sus dos dientes delanteros. Sigue mirando fijamente.

Mira, observa. Sé testigo. Experimenta estando de pie completamente quieto y balanceándote suavemente en silencio. Estate atento a los movimientos musculares, a una separación de los labios, quizás luego a movimientos más activos de los labios. Puede que veas como una formación de ondas por parte de los músculos que hay alrededor de la boca o la barbilla. Observa lo que viene a continuación. Se trata de un movimiento de apertura de una puerta. Permite que la puerta se abra a su propia manera y a su propio ritmo. Verás distintas respuestas en distintas personas. La mayoría de estas respuestas será intrigantes y cautivadoras. Permanece curioso.

1. ¿Qué he aprendido de este capítulo?
2. ¿Qué he descubierto con este ejercicio?

3. ¿Qué ideas son nuevas para mí?
4. ¿Qué ideas son distintas de lo que podría haber pensado?
5. ¿Qué ideas estoy considerando o contemplando ahora?
6. ¿Qué ideas son las que me resultan más naturales?
7. ¿Con qué ideas o conceptos tengo más dificultad o encuentro más difícil aceptar?
8. ¿Con qué ideas o conceptos tengo más dificultad o encuentro más difícil comprender?
9. ¿De cuáles de mis anteriores convicciones e ideas encuentro más difícil desprenderme y dejar ir?
10.- ¿Qué ideas y conceptos encuentro más liberadores y empoderadores?
11.- ¿Qué me ha permitido descubrir y en qué me ha permitido convertirme mi voluntad de no saber?
12.- ¿Qué me permitirá mi voluntad actual de no conocer descubrir en el futuro y en qué me permitirá convertirme?

*Responde a las cuestiones anteriores con tus pensamientos, posibles respuestas, explicaciones ideas, etc., lo mejor que puedas.*

*Si no sabes cómo responder a algunas de las preguntas anteriores, o simplemente no tienes las palabras, hemos diseñado un modelo de «rellenar los espacios» a continuación para que te ayude.*

1. No estoy seguro de saberlo, pero si lo supiese, la respuesta podría ser _____ .
2. No acabo de disponer de las palabras para explicar esto, pero si dispusiese de las palabras, podrían ser _____ .
3. No acabo de tener las palabras para describir esto, pero si tuviese las palabras, podrían ser _____ .

# CAPÍTULO 6

# EL DON DE LA DISTANCIA

*«Cuando no hay más separación entre el "esto" y el "eso",*
*a eso se le llama el punto de reposo del Tao.*
*En el punto de reposo en el centro del círculo,*
*uno puede ver lo infinito en todas las cosas.»*

ZHUANGZI

Independientemente del contexto, la palabra «distancia» puede, frecuentemente, tener una connotación negativa. Si, por ejemplo, pensamos en la distancia con respecto a espacio o lugares, se trata del *espacio* entre dos cosas, un estado de separación, lejanía, una vasta extensión o el tiempo que lleva llegar del punto A al punto B, ejemplificado esto en la clásica cuestión persistente del niño inevitablemente aburrido en un viaje en coche largo con su familia: «¿Cuánto falta?».

Si pensamos en la distancia en términos de una relación entre dos personas, puede sugerir una separación física o emocional o que una persona puede que se esté alejando de la otra. Vista así, la distancia puede generar miedo e inseguridad.

Sin embargo, como queda claramente de evidencia en la Sanación Reconectiva, la distancia física se convierte en la *desaparición* de la separación. Expuesto de forma distinta, es el colapso de la distancia en la Unicidad o la unidad, la disolución de la otredad. Independientemente de cuál de estas descripciones conecte más contigo, todas permiten un mayor amor.

Esta *presencia*, que se encuentra a través de la desaparición de la distancia, es una característica poderosa y central de la Experiencia de la Sanación Reconectiva, una verdad básica, una propiedad absoluta y duradera. La experiencia de la Sanación Reconectiva revela la *ilusión* de la distancia; revela la *ilusión* de que la distancia existe; revela que es una *ilusión* basada en la ilusión del espacio y el tiempo reforzada por el miedo, y en especial por el miedo a la separación.

La Sanación Reconectiva es una anomalía en cuanto a que se vuelve *más fuerte* con la distancia. Durante por lo menos un cierto período de tiempo, y a veces a perpetuidad, las anomalías son generalmente inexplicables, *hasta que se vuelven explicables*. Es decir, hasta que la ciencia avanza lo suficiente para describirlas o mediar la observación. Por lo tanto, aunque no podemos decirte *exactamente* de dónde proceden las frecuencias de la Sanación Reconectiva… (aunque se ha rumoreado que proceden de una pequeña localidad de Nueva Jersey cerca del puente de George Washington…), sabemos que existían antes de las dimensiones de la altura, la anchura, la profundidad y el tiempo: las dimensiones que experimentamos mediante nuestros sentidos.

Innumerables investigadores y físicos cuánticos han estudiado y siguen estudiando la Sanación Reconectiva, pero pese a ello siguen perplejos cuando se trata de comprender la mecánica de las interacciones. Esto les ha animado a hacer las siguientes preguntas:

- *¿En qué otro lugar del universo se comporta la «energía» de esta forma?*
- *¿Qué más en el universo no disminuye con el espacio o el tiempo, sino que se fortalece y expande con él?*
- *¿Qué más en el universo se expande en lugar de contraerse simplemente debido a tu apertura para recibirlo?*

El amor. La respuesta es el amor. No conoce límites. Más allá del amor, y dentro de las leyes del Universo físico, no sabemos de ninguna otra energía que se comporte de esta manera o posea tales propiedades.

Aquí tenemos una de las muchas formas en las que las frecuencias de la Sanación Reconectiva parecen poner patas arriba y volver del revés las ecuaciones matemáticas de la física relativas a la energía. Esto tiende tanto a fascinar como a sorprender a la mente de los físicos que asisten a nuestros programas.

## El desapego cariñoso versus el miedo al desapego

Hay otro Don otorgado por la Distancia: un nuevo paradigma al que nos referimos con el nombre de desapego cariñoso.

Al facilitar la Sanación Reconectiva del conocimiento de que todos somos uno, nos vemos liberados de intentar *convertirnos* en uno con el receptor. De este modo, la otredad simplemente se disuelve y nos da permiso para *ser testigos* de que somos amor, en y como nuestra sola presencia. Por doquier. Simultáneamente. En esta zona del desapego cariñoso encontramos una nueva fuerza, fortalecimiento y autenticidad. En nuestra interconexión de tres vías, con las frecuencias de la Sanación Reconectiva, no hay separación. Nohayseparación.

Imagina asistir a una fiesta con el amor de tu vida. Podéis estar en los extremos opuestos de una sala, pero pese a ello siempre sabéis que ambos estáis presentes como uno. Puedes ver a tu pareja incluso cuando no estás mirando en su dirección. Puedes sentirla incluso aunque estés a media sala de distancia. Puedes «oír» sus pensamientos y sabes que ella puede oír los tuyos. Tanto si somos conscientes de ello como si no, somos una consciencia. Siempre. Y de todas las formas. Tal y como dijo Albert Einstein: «Nuestra separación el uno del otro es una ilusión óptica de la consciencia».

El cómo experimentamos el concepto de la Sanación Reconectiva de la distancia puede tener algo que ver con sus características anómalas, El desapego cariñoso modifica la forma en la que lo vemos todo y a todos. No hay peligro de pérdida, y no hay peligro de perder *SU* amor. En este estado mágico liberado experimentamos la conectividad del amor infinito. No del amor atrapado en el apego emocional, sino, en lugar de ello, un amor que se expresa sin palabras. Una Unicidad en donde todos pueden trascender a sus limitaciones percibidas; donde se comprende que los límites son sólo la ilusión de una imaginación limitada.

En este *nuevo conocido*, podemos entrar en y abrazar la *Sanación Reconectiva a Distancia*. Con lo nuevo conocido integrado, algunas personas pueden asumir que ésta es la forma más potente de Sanación Reconectiva porque hay más kilómetros entre la persona A y la persona B. Sin embargo, aquéllos que han participado en nuestros programas de formación en vivo han visto el principio emancipador de cómo la distancia incrementa e intensifica la experiencia para ambas personas en la misma habitación. Esto no significa que la sanación a distancia (sesiones de sanación en las que el profesional y el paciente no se encuentran en la misma habitación, ciudad o incluso parte del mundo) sea más fuerte ni más potente. A Jillian y a mí nos encanta facilitar las Sesiones de la Sanación Reconectiva a Distancia. Tienen una fuerza igual, y cuanto más nos desprendemos del apego para intentar hacernos más fuertes o tener un valor preferible, más experimentamos y recibimos. Son diferentes, al igual que cada sesión es diferente; y al mismo tiempo, son bastante parecidas. Sin embargo, no deberíamos equiparar esta emancipación con algo *mejor*. Con o sin el elemento percibido de la distancia, todo está en contacto y nada está en contacto, y experimentamos esto como el desapego cariñoso de la Unicidad.

La clave de nuestro apego a la distancia (o la falta de él) es un instinto compasivo en nuestro interior de querer estar en modo *activo* al facilitar una sanación para alguien. Parece que la proximidad física puede desencadenar que el ego entre en modo *hacer* y *enviar*, en lugar de en modo *permitir* y *recibir*. En muchas modalidades de sanación, a los sanadores se les enseña a tocar o mantener sus manos cerca del cuerpo de una persona o a no alejarse más allá de una distancia dada, como por ejemplo algunos centímetros. Un practicante que tenga un historial con el masaje o de la terapia física, podría decir: «¿Por qué iba a querer tener mis manos alejadas del cuerpo? No estaré conectando físicamente con la otra persona». Frecuentemente, la gente confunde el no conectar físicamente con no conectar.

De lo que mucha gente no se da cuenta es de que el mensaje inconsciente bajo esta perspectiva es el miedo. Eso es porque instruir a alguien para que toque o esté en una estrecha cercanía implica que la energía podría, de otro modo, disiparse, perder su potencia o, posiblemente, ni siquiera llegarle al paciente. Este mensaje también puede introducir miedo y desconfianza en un proceso de sanación con el potencial de poner de manifiesto la ilusión de aquello a lo que el facilitador y/o el receptor tengan más miedo. Como resultado de ello, el practicante empieza a centrarse más en la técnica y en enviar que en lo que es más empoderador para todos: recibir, ser testigo y presenciar a través de la distancia (ya se trate de centímetros, metros o kilómetros) el *desapego cariñoso*.

Cuando nos volvemos cariñosamente desapegados, creamos el espacio para permitir que estas frecuencias se desplacen a través de nosotros de forma más eficaz.

Eric tenía una clienta que vino a verle para una sesión en los primeros años en los que él había descubierto la Sanación Reconectiva. Ella estaba abriendo los ojos continuamente, comprobando qué estaba sucediendo. Prácticamente desde el momento en el que comenzaron su sesión, ella le estaba diciendo que él estaba teniendo sus manos demasiado lejos de ella y que debía acercarlas más. Eric le explicó la dinámica de esto, pero ella no quería escuchar. Después de la sesión, ella le dijo que no había sentido nada. Ella reiteró: «No ha pasado nada porque tenías las manos demasiado lejos de mí», y se fue resoplando. No experimentó una sanación de la que más adelante pudiera hacerle saber amablemente. Estaba demasiado centrada en lo que ella pensaba que debería estar sintiendo, durante su sesión, como para darse cuenta de ello en ese momento.

No confundas lo que alguien percibe con lo que de verdad está sucediendo. No siempre son lo mismo. Por citar el Mundaka Upanishad: «En el desapego yace la sabiduría de la incertidumbre, en la sabiduría de la incertidumbre yace la libertad de nuestro pasado, de lo conocido, que es la prisión del condicionamiento pasado».

En la consciencia del desapego cariñoso algo cambia dentro del sanador y del receptor. Un agradecimiento por ser la sanación misma, no sólo el sanador y el sanado; ser el propio hecho de ser testigo, y no sólo el testigo y el atestiguado; ser la propia observación, y no sólo el observador y el observado. Estás presente y eres *presencia*. Éste es un fenómeno similar al «efecto perspectiva» del que informan los astronautas durante los vuelos espaciales, especialmente al ver la Tierra desde su órbita o desde la superficie lunar. Es ver de primera mano una realidad aumentada sobre quiénes somos y dónde estamos, una manifestación de una conciencia expandida de conexión y Unicidad.

Hasta donde podemos decir (lo que supone una afirmación en sí mismo), somos la especie más evolucionada en un pequeño planeta azul que flota por el vacío. En este vacío, resulta que nuestro planeta se encuentra en lo que se llama la Zona Ricitos de Oro, o lo que podríamos llamar «la zona óptima de las gachas» de Ricitos de Oro (ni demasiado calientes, ni demasiado frías… *simplemente a la temperatura correcta*), más conocida como la zona habitable circunestelar (ZHC), o simplemente la zona habitable.

Cuando nos fijamos en la Tierra desde esta posición privilegiada (al igual que la Sanación Reconectiva hace que la distancia desaparezca y disuelve la otredad), los límites, las ideologías y el resto de diferencias en nuestro planeta desaparecen. Al permitirnos mirar toda nuestra existencia desde esta posición privilegiada, descubrimos que el conflicto desaparece y nos damos cuenta, instantáneamente, de que *todo* y, por lo tanto, *todos*, se están ciertamente tocando y de que, simultáneamente, *nada*, y, por lo tanto, *nadie*, se está tocando. ¡La sanación es cortesía de una visita a la Zona Ricitos de Oro! Dentro de esta vastedad, la distancia y la separación son, de hecho, no reales, y existimos en y como Unicidad.

Al darnos permiso para vivir en esta mayor comprensión, ya no nos sentimos anclados a la Tierra. Esta perspectiva potenciada modifica indeleblemente nuestra relación con todo lo que hay a nuestro alrededor. Incluso impacta en nuestra comprensión de las leyes naturales que nos dirigen, incluyendo la ley de la gravedad. Los inmensos cambios que experimentamos son internos, externos y eternos.

En una Experiencia de la Sanación Reconectiva, esto es lo que sucede cuando *LA* recibes: Pasas a una conciencia de la existencia infinita y te permites convertirte en el catalizador y crear espacio para que *ELLO* sea la mayor parte compartida de quién y qué eres ya. La inteligencia de esta Energía, Luz e Información modifica tu comprensión más profunda de las leyes que acatas y obedeces inconscientemente. *ELLO* se convierte en la mayor parte de ti y de todos con los que compartes tu existencia. *ELLO* se convierte en tu nueva realidad vibratoria; y en esto permites que el infinito se experimente a sí mismo en forma de *ti*. Entras en esta experiencia muy clara, una omnidimensionalidad desapegada cariñosa, y te acabas dando cuenta del valor real de la esencia interior de tu ser. Cuanto más desaparece el concepto ilusorio de la distancia, más te expandes.

Mientras permites esta expansión quiescente, te encuentras con que te has apartado del camino de tu mente humana, consciente y educada, limitada porque ya no estás intentando pretender o dirigir; y en el proceso tu ego se ha permitido abandonar la habitación.

La experiencia y la sanación puede que *no tengan nada que ver con tu conciencia consciente*. No necesitas saber, conscientemente, qué está sucediendo. Sólo estás ahí para recibir, participar, inspirar, ser testigo, observar, experimentar y *servir* como el potencial ilimitado de la sanación.

*Aquí tenemos una rápida revisión de algunos de los puntos de este capítulo. Luego pasaremos al ejercicio.*

Nos hemos fijado en el colapso de la distancia hacia la Unicidad, la desaparición de la separación, la disolución de la otredad, además de parte del equipaje negativo percibido que conlleva la palabra. Hemos explorado la Sanación Reconectiva como una anomalía porque, entre otras cosas, la recepción se vuelve más fuerte con la distancia y no se disipa con el viento, que la sanación da completamente la vuelta y pone del revés la ecuación matemática de la física cuántica, la distancia se convierte en la desaparición de la distancia, y la separación se convierte en la desaparición de la separación. Hemos hablado de la zona libre de riesgo del desapego cariñoso, de que todo se está tocando y nada se está tocando, de que todos se están tocando y nadie se está tocando, y hemos descubierto la libertad de intentar convertirnos en uno con cualquiera o con cualquier cosa. Nos hemos fijado en la separación como una ilusión óptica de la consciencia tal y como afirmaba Einstein. Hemos explorado el desapego cariñoso y la conectividad del amor infinito. Nos hemos fijado en los dones de las sesiones de sanación a distancia y las sesiones de sanación en persona. Hemos explorado los desencadenantes de «hacer» y «enviar» en comparación con «permitir» y «recibir». Somos testigos del miedo a la distancia convirtiéndose en los dones del asombro y la sorpresa en la distancia. E incluso nos hemos fijado en los conocimientos de la Zona Ricitos de Oro de la Sanación. Lo más importante es que hemos aprendido que la sanación no es *como* el amor. La sanación *es* amor.

**Ejercicio 6:**
*Te veo con mis ojos, parte 2*

Ahora vamos a repetir el ejercicio de Te veo con mis ojos del capítulo 5, pero con un giro diferente al final. Hagámoste pasar por esta primera parte de nuevo. Recuerda que, aunque la Sanación Reconectiva no consiste en intentar provocar o desencadenar ciertas respuestas, hay, indudablemente, un nivel de *capacidad de respuesta* que a veces se muestra de *unas* formas, y en otras ocasiones de *otras* formas. Es lo inesperado lo que ayuda a mantener nuestra fascinación y curiosidad, y es nuestra fascinación la que nos ayuda a mantenernos en la presencia.

Puedes llevar a cabo la primera parte del ejercicio por tu cuenta (pero si haces esto en público y la gente se queda mirando, te sugerimos que evites la tentación de ponerles caras raras, ya que esto podría parecer confirmar sus sospechas).

Ahora, justo igual que antes, ten una mano abierta, con la palma señalando hacia ti y los dedos separados cómodamente tanto como puedas. A veces, el simple hecho de extender tu dedo meñique provocará una tensión adecuada en tu palma para ayudarte a volverte más consciente de la sensación de las frecuencias de la Sanación Reconectiva. Mantén los dedos abiertos y quédate mirando tu palma. Simplemente mírala fijamente. Mírala fijamente y permite que cualquier sensación que surja llegue a la palma de tu mano. Date cuenta de tus dedos. Percibe si, y cuándo, empiezan a moverse. Generalmente puede que empiece un dedo y que luego se unan más a él. Observa, date cuenta y mira lo que surge para ti.

Ahora repite eso con tu otra mano. Cada mano tiende a tener su propio tiempo de respuesta, tal y como probablemente notaste la primera vez que hicimos esto.

Puede que hayas visto un movimiento sutil de tus dedos, o puede que hayas visto unos movimientos más grandes y obvios de nuevo.

Esta es la parte que requiere de un voluntario que haga de compañero, así que encuentra un participante voluntarioso. No importa si cree en esto o no. A veces es más divertido si no cree. Pídele que se estire cómodamente, boca arriba, sobre una mesa de masaje o a lo largo de los pies o el lado de una cama o un sofá, o que se siente en una silla. Luego, pídele que cierre los ojos y que se deje ir.

Mientras tu voluntario está estirado o sentado, con los ojos cerrados y relajado, toma tus manos y colócalas detrás de tu espalda. Primero elige uno de sus ojos y míralo fijamente durante seis segundos, más o menos. Ahora mira su otro ojo fijamente durante el mismo tiempo. Vuelve al primer ojo y repite. Luego pasa al otro. A medida que vayas pasando de un ojo al otro, puedes decidir hacerlo simplemente desplazando tu mirada o puedes elegir adoptar el balanceo de tipo Weeble o tentetieso. Ambos provocan unos registros interesantes y proporcionan unas experiencias ligeramente distintas para ti y para tu voluntario. Querrás jugar, experimentar y explorar. Algunas cosas funcionan en momentos diferentes y con distintas personas.

Empieza ahora a tomar cada vez más velocidad, pasando de un lado a otro, yendo del ojo derecho de la persona al izquierdo y vuelta empezar. Por ejemplo, permanece centrado en cada ojo durante aproximadamente dos segundos, luego un segundo en cada uno, y después pasa de un ojo al otro incluso más rápidamente. Observa cómo afecta esto a la velocidad de sus registros oculares (movimientos involuntarios), además de al patrón y la intensidad de los movimientos. Entonces detente y tómate una pausa.

A continuación, en una concentración silenciosa, inclínate ligeramente o flexiónate hacia delante hasta que tus ojos se encuentren directamente sobre sus labios. Permanece de pie de modo que te encuentres a unos sesenta centímetros de la persona. Recordatorio: Mantén una distancia profesional y proporciónale abundante espacio. Ahora fija tu mirada, de modo de mires directamente a donde sus labios se unen, quizás incluso imaginando que puedes ver sus dos dientes delanteros. Sigue mirando fijamente. Puede que te sorprendas. Mira. Observa. Sé testigo. Experimenta estando de pie completamente quieto y pivotando suavemente en silencio. Fíjate en los movimientos musculares o en una separación de los labios, y luego en movimientos quizás más activos de los labios. Puede que veas como una formación de ondas de los músculos alrededor de la boca o la barbilla. Observa lo que viene a continuación. Permite que este momento de apertura de puertas se amplíe a su propia manera y en su propio momento mientras observas distintas respuestas.

Estamos experimentando este ejercicio una segunda vez ahora porque aquí se convierte en una guía hacia la segunda parte: Irrumpes en el mundo real con las frecuencias de la Sanación Reconectiva, o llevando al mundo *real* por tu paseo a través de la conciencia intensificada. Por lo tanto, en silencio, estás a punto de embarcarte en un pequeño descubrimiento, un minipaseo, una especie de retiro silencioso durante los próximos cinco y sesenta minutos o el período de tiempo que mejor te parezca. Además, te recomendamos encarecidamente que te lleves a tu compañero en este paseo silencioso contigo.

Tu paseo puede llevarte a donde desees. Puedes elegir explorar tu calle o tu vecindario, viajar a tu jardín o a cualquier otra ubicación hermosa, percibir cómo las fragancias de las flores parecen destellar en tu nariz y adquirir una nueva dimensión, atestiguar una aparente nueva majestuosidad de los árboles o redescubrir tu propio patio trasero como facetas y aspectos de ello que habían pasado inadvertidos hasta ahora, volverse tan claros y vívidos como una salida del sol por la mañana coronando algo así como la cabeza de un bebé recién nacido desde detrás de la cima de una montaña o el horizonte de un océano. Puedes incluso atravesar, caminando, un parque o una zona con un paisajismo precioso mientras acoges la alegría y la expresividad que ves en el rostro de los demás y en la vida de las criaturas y los habitantes, grandes y pequeños, de este planeta.

Camina en silencio. Permite que los sonidos del mundo exterior se conviertan, simplemente, en parte del tapiz en el que existes. Permite que los sonidos, independientemente de cuáles sean, fluyan hacia dentro y hacia fuera. Observa los colores. ¿Cómo te parecen? ¿Los mismos que antes? ¿O son más brillantes, nítidos, claros o vibrantes? ¿Puedes empezar a ver colores en los colores que quizás no hayas percibido antes? ¿Qué hay del cielo? ¿Es el azul el mismo azul y tienen las nubes la misma densidad y el mismo brillo? El color de la hierba, el olor del aire, las fragancias mientras se entremezclan y te llegan a la nariz. Siente el aire. Observa a las personas y a las formas de vida mientras compartes este espacio de vida con ellas; nota cómo te sientes a su alrededor y cómo parecen sentirse a tu alrededor. Escucha a tus observaciones interiores. Obsérvate a ti mismo en silencio. Camina siendo consciente. Date cuenta de lo que ha cambiado… ¿o eres simplemente tú quien ha cambiado? Una vez que regreses a donde empezaste, o encuentres un lugar bonito en el que sentarte y asentarte, puedes decidir comentar tus observaciones con tu compañero. Puede que también quedes muy sorprendido por su experiencia y sus observaciones.

1. ¿Qué he aprendido de este capítulo?
2. ¿Qué he descubierto con este ejercicio?
3. ¿Qué ideas son nuevas para mí?
4. ¿Qué ideas son distintas de lo que podría haber pensado?
5. ¿Qué ideas estoy considerando o contemplando ahora?
6. ¿Qué ideas son las que me resultan más naturales?
7. ¿Con qué ideas o conceptos tengo más dificultad o encuentro más difícil aceptar?
8. ¿Con qué ideas o conceptos tengo más dificultad o encuentro más difícil comprender?
9. ¿De cuáles de mis anteriores convicciones e ideas encuentro más difícil desprenderme y dejar ir?
10. ¿Qué ideas y conceptos encuentro más liberadores y empoderadores?
11. ¿Qué me ha permitido descubrir y en qué me ha permitido convertirme mi voluntad de no saber?
12. ¿Qué me permitirá mi voluntad actual de no conocer descubrir en el futuro y en qué me permitirá convertirme?

*Responde a las preguntas anteriores con tus pensamientos, posibles respuestas, explicaciones, ideas, etc., lo mejor que puedas.*

*Si no sabes cómo responder a algunas de las preguntas anteriores o simplemente no dispones de las palabras, hemos diseñado un modelo de «rellenar los espacios en blanco» a continuación para que te ayude.*

1. No estoy seguro de saberlo, pero si lo supiese, la respuesta podría ser _____.

2. No acabo de encontrar las palabras para explicar esto, pero si las encontrase, podrían ser _____.
3. No acabo de encontrar las palabras para describir esto, pero si las encontrase, podrían ser _____.

# CAPÍTULO 7

# YO SOY... EL SANADOR

*«Eres parte integral de un proceso que está teniendo un gran alcance.*
*No sólo calará en tu vida, sino claramente en las vidas que toques.»*

Solomon en Solomon habla: sobre reconectar tu vida

A medida que vamos reconociendo que yo soy el sanador, tú eres el sanador y Dios es el sanador, nos permitimos reconocer que él, ella, ello, nosotros y también ellos son el sanador. En último término se vuelve claro que yo, tú, él, ella, ello, nosotros y ellos somos uno con Dios, el Amor y la Inteligencia Infinita del Universo. En esencia, nuestra esencia y *toda esencia* es Dios, Amor e Inteligencia Infinita del Universo.

En este capítulo hacemos hincapié no en el *Yo* del yo independiente, sino más bien en el *Yo* del *Yo Soy*. El *Yo* del yo independiente es la ubicación de la personalidad y el ego, mientras que el *Yo* del *Yo Soy* inicia la iluminación de nuestra existencia infinita y de aquí nuestra relación con y la existencia como Dios, Amor, el Universo, la Fuente, el Creador... elige el nombre que quieras, ya que son sólo los humanos los que dan importancia a un nombre.

Rupert Spira nos recuerda que: «La búsqueda de Dios es la negación de lo que somos; y eso es blasfemia».

Ser un sanador es su propia recompensa, y las oportunidades para ello están a disposición de todos. Es una recompensa que es recibida y experimentada de forma óptima cuando ya no estamos buscando su-

145

plementarnos a nosotros mismos o a la sanación. Sólo entonces podremos ser de verdad el sanador, y esto sólo puede conseguirse cuando ya no busquemos controlar, dirigir o determinar el resultado de la sanación ni atribuirnos el mérito por ello, ni intentar decirle al Universo hacia donde ir, qué hacer y cómo hacerlo. Como sanador existes en un reconocimiento del aquí, la presencia constante y el *hecho de ser*, que es su propia excelencia, su propia recompensa. Quizás sea esto lo que la entidad a la que llamamos Solomon estaba dilucidando cuando dijo: «Debes ver que *eres* un maestro. Debes *saber* que eres un maestro». Eres la propia vida y existencia.

## El don del sanador

*Soy la presencia. Soy el asombro. Soy la inocencia.*
*Estoy dispuesto a no saber y pese a ello estar simultáneamente*
*en la sapiencia.*
*Estoy dispuesto a no conocer la forma de la sanación,*
*y pese a ello hallarme en la sapiencia de que existe con una forma*
*perfecta.*
*Soy integridad, soy sabiduría, no siempre expresando plenamente*
*ninguna de las dos,*
*pero pese a ello siendo una expresión perfecta de ambos.*
*Soy el ímpetu. Soy inspiración.*
*Soy esencia.*
*Soy consciencia, pero no autoconsciencia. Soy consciente y consciencia.*
*Me manifiesto como materia e importo.*
*Soy vibración y soy resonancia en mi quietud. Soy un fotón.*
*Soy un protón.*
*Estoy dentro, soy de, y Yo Soy.*
*Soy mi propia sanación y, por lo tanto, mi propia revelación,*
*y soy simultáneamente la sanación y la revelación de la humanidad*
*y el universo.*
*Yo soy tú. Tú eres yo. Somos. Soy.*

Eric Pearl y Jillian Fleer

El papel del facilitador de la sanación requiere de consciencia y de una conciencia expandida, además de otros atributos vitales. El personaje y las cualidades que aportas a la ecuación, incluyendo la compasión sin juicios, contribuyen a la totalidad de tu *presencia*.

Mientras un practicante de la Sanación Reconectiva procede hacia lo eterno, surge una ecuación que existe más allá de nuestros lenguajes actuales, matemáticas y sistemas métricos. Fijémonos en esto más detenidamente. Como Sanador, somos la recepción de la gracia y la libertad que palpitan en el interior de *SU* infinidad. De esta forma magnífica, liberamos la carga ilusoria de sentirnos responsables del resultado de la sanación, mientras, al mismo tiempo, nos liberamos de la parte de nuestro ego que quiere atribuirse el mérito por ella.

En pocas palabras, ya no tenemos que preocuparnos por establecer un resultado, un desenlace o una respuesta concretos, ni acerca de la culpabilidad y la carga que asumimos falsamente cuando no vemos o reconocemos el resultado que hemos intentado imponer. Simplemente nos permitimos caer en lo quiescente, como catalizador y como testigo; y como hemos liberado la idea del sanador como alguien independiente, asumimos el papel cariñoso de ser observación, participación y, a una mayor escala, ser testigo. En esta norma triple, sólo podemos ser responsables para con nosotros mismos como el recipiente a través del cual *ELLO* trae luz y experiencia al mundo.

## Somos *SU* instrumento

Ser *SU* instrumento es el verdadero llamado del sanador. Nos convertimos en un instrumento mediante el don definitivo del recibir que nos ha sido otorgado por el mero hecho de haber nacido.

Eres la canción y la sinfonía, *¿pero oyes tu propia música?* Idealmente, como sanador, buscamos explorar nuestra sanación personal, nuestro propio descubrimiento y nuestra evolución para convertirnos en la libertad inherente en quién y en lo que somos. Pese a ello, una y otra vez, nos encontramos deambulando por caminos que implican tanto esfuerzo sostenido y persistente que vivir nuestra felicidad parece inalcanzable. Olvidamos que *somos* liberad, por lo que *encontrar* nuestra libertad es encontrar a *nuestro yo*. Eres el instrumento definitivo para las Frecuencias de la Sanación Reconectiva. Aprende cómo estar en sintonía, compón e interpreta tu melodía.

Reiterémoslo:

*Ser un sanador es su propia recompensa, su propio logro, su propia impecabilidad consumada.*

¿Qué puede estar, entonces, evitando que veas, sepas y seas?

La Experiencia de la Sanación Reconectiva es tan sencilla y natural que frecuentemente nos *disuadimos* a nosotros mismos de SU realidad, de lo que hemos presenciado en otra persona, o incluso de lo que hemos experimentado de *primera mano*. Frecuentemente nos negamos la visión, en realidad, de ver SU verdad.

En la actualidad, todos y cada uno de nosotros ha ido más allá de ver sólo las sanaciones visibles y físicas. Hay tanto más en esto que es de valor para nosotros. Por un lado, no podemos llegar hasta ahí si nos limitamos a simplemente observar lo físico; y pese a ello, para avanzar necesitamos abrazar plenamente y reconocer lo que vemos. No podemos permitirnos sentir que lo hemos visto todo o que lo hemos aprendido todo. Incluso *albergar* ese pensamiento se convierte en prueba irrefutable de que no lo hemos hecho; y quedando satisfechos de esa forma, impedimos que nuestra vida progrese.

Uno de los mayores dones que podemos proporcionarnos a nosotros mismos es la voluntad de ser testigos de la pureza de la inocencia. Cuanto más se revelan la ciencia y el misterio de las cosas, más seguimos evolucionando. Sin embargo, en la actualidad, la atracción de la complejidad evita que mucha gente disfrute de los beneficios incomparables que vienen sólo con la simplicidad.

El cerebro izquierdo dominante está, en esencia, interesado en lo que puede medirse. Lo que *no podemos* cuantificar, *preferimos* y nos *sentimos más seguros* atribuyéndolo a *otra cosa o a algo más*. Puede que esto explique por qué lo que no puede medirse pueda ser percibido por algunos como «mágico» y, por lo tanto, «sospechoso». Tal y como apunta Eckhart Tolle, «A veces, la rendición significa dejar de intentar entender y volverte cómodo con no conocer».

## ¿Qué es la rendición?

Generalmente pensamos en la rendición como en lo *último* que podríamos querer hacer, como algo que está lejos de ser deseable u óptimo. Añade un poco de ego y de repente es vista a través de una pantalla de pérdida con matices de humillación. Si lo observamos a través de la analogía de la guerra o incluso de una competición general, pensamos en ella como una derrota o un fracaso. Y afrontémoslo: la mayoría de la gente no está demasiado emocionada con eso. *O, en ocasiones y posiblemente, puede que queramos rendirnos.*

¿Era la temática subyacente al primer libro de Eric, *La reconexión: Sana a otros; sánate a ti mismo*, de rendición? ¿La rendición de Eric? ¿Es eso lo que fue tan inspirador y emociona a miles de personas incluso en la actualidad? ¿Fue el reconocimiento de mí como tú y de tú como yo? ¿Es la deseabilidad definitiva y la recompensa de la rendición a lo que se resisten nuestros egos y, pese a ello, una vez que sucumbimos a ellas encontramos una recompensa inconmensurable y placer en ellas? ¿Es la clave para la libertad que pensábamos que obtendríamos a través del esfuerzo? ¿Es lo que nos proporciona las recompensas que pensábamos que llegarían a través del poder y el prestigio?

Estamos aquí como moléculas, como almas que representan la rendición. No una rendición oscurecida por un deseo dirigido por el ego, sino más bien la rendición que sólo puede llegar a través de la Gracia, con la «G» mayúscula. Y entonces, esta inteligencia nos usa como un mosquito de contagio en el buen sentido, para compartir y difundir la Experiencia de la Sanación Reconectiva a través de la invitación de la Gracia: una invitación que aceptamos muy lejos de lo regular y que constantemente podríamos haberla, en retrospectiva, aceptado como nos hubiera gustado y hubiéramos agradecido, ya que nos habría beneficiado. La rendición puede suponer un reto que esperamos aceptar más y más.

## La elegante simplicidad del sanador libre de técnicas

Hay una elegancia sencilla en el hecho de ser un sanador. No tiene que ver con la ropa que vistas ni con la forma en la que muevas tus manos.

No tiene que ver con que extiendas tu dedo meñique como si estuvieras a punto de tomarte una taza de té por la tarde, y tampoco consiste en intentar imitar la elegancia de una gacela o de caminar como si llevaras nubes en los pies en lugar de zapatos. Tiene que ver con tu ser *interior*, la armonía *de* tu presencia *en* tu presencia. Es aprender a ser tú mismo, a tocarte como si fueras instrumento infinito de la experiencia creado en forma de *ti*.

Para el sanador, la elegancia reside en la facilidad y la simplicidad de estar libre de técnica. Cuando te fijas en una persona que irradia presencia, quizás en un director de orquesta en la cima de un *crescendo*, un bailarín suspendido en el aire, o un atleta jugando al máximo de su potencial, no hay remanentes de técnica en la facilidad con la que hacen estas cosas. Independientemente de la técnica que pudieran explorar, plantearse o aplicar un tiempo atrás, se ha permitido que se desvanezca y transmute en forma de existencia. Cualquier estado de intentarlo se evapora permitiendo que su belleza y autenticidad inherentes se vean. La verdad intrínseca del sanador encarna este concepto, incluyendo la comprensión de que no son necesarios vestimentas ni accesorios especiales por parte del sanador. Desaparece el foco artificial sobre lo externo. Más que llevarse por fuera, la elegancia de la simplicidad es un refinamiento natural que procede del interior, de nuestra esencia, y no puede ser contenida ni ocultada, amenazada ni engañada. Es irreductible e inenarrable.

¿Qué, sino el miedo, nos mantiene apartados de la elegante encarnación del sanador? El miedo a no ser lo suficientemente buenos. El miedo a nuestro propio mérito. El miedo de que quizás ni siquiera seamos dignos de ser dignos. Dignos de sanar. Dignos de *ser* sanados. Lo que también nos mantiene lejos es el miedo a cómo podamos ser percibidos por los demás, el deseo entrelazado de representarnos a nosotros mismos de la forma en la que pensamos que *deberíamos*, y quizás incluso de la forma en la que *otra* persona piense que deberíamos. Muchos de nosotros vivimos en burbujas de miedo. Nos cuestionamos si somos merecedores, nos sentimos vacilantes, torpes a inseguros de aprovechar una capacidad naciente y vagamente percibida. Miedo de que pudiésemos ser desenmascarados, de que otros pudiesen descubrir nuestras *propias* inseguridades arraigadas.

Una vez que nos obliguemos a aceptar nuestro miedo a ser desenmascarados como impostores, probablemente descubriremos la verdad: que nuestros miedos habían sido infundados e ilusorios todo el tiempo. Amar es ser vulnerable, y compartir vulnerabilidad no es debilidad, sino fuerza definitiva. La vulnerabilidad, que es el estado natural del amor, permite la revelación de nuestra alma al alma de otra persona, y una entrega de nuestras ilusiones a una verdad trascendente. Tal y como lo describe Brené Brown: «La vulnerabilidad es, básicamente, incertidumbre, riesgo y exposición emocional».

La vulnerabilidad nacida del amor nos permite abrazar el nivel de nuestra propia naturaleza como luz y consciencia. No hay separación, sino simplemente unicidad, un manantial interminable de amor: la frecuencia más elevada, coherente y pura. Precisamente, este es el estado de ser al que Solomon se refería cuando decía: «Debes *ver* que eres un maestro. Debes *saber* que eres un maestro».

La sapiencia y la visión nos son otorgados sólo cuando afrontamos el enorme miedo y la revelación de que no somos el conducto, sino más bien el instrumento, el recipiente, el catalizador. Esto es lo que afrontamos cuando nos enfrentamos a superar la separación o la distinción entre el sanador y la sanación. Este es el miedo que se hace sentir en la que podría ser nuestra única pregunta, la más importante, sobre la sanación: *¿Qué pasa si la sanación no funciona?*

Muchos de nosotros hemos escogido entrar en el campo de la sanación debido a un profundo deseo de aliviar el dolor y el sufrimiento de otros: *una razón que suena muy noble*. Sin embargo, en la actualidad, más y más sanadores están llegando a reconocer que *el dolor y el sufrimiento no son los verdaderos problemas*, sino que son meros *indicadores* de un problema que señalan que algo no está en equilibrio. En otras palabras, no consiste en que abordemos el dolor y el sufrimiento, por muy noble y virtuoso que pueda sonar eso. Consiste en *sanar un equilibrio restaurador de la Inteligencia*.

Lógicamente, esto es lo suficientemente fácil de entender. Pese a ello, cuando un apego emocional a un resultado concreto de la sanación asume el mando, este concepto, esta comprensión, se nubla con facilidad. A veces parece salir volando por la ventana, como cuando se separa la paja del trigo, aunque otras veces parece como si tiráramos el trigo por la ventana.

Pensemos en la pregunta que hemos sacado a colación antes: *¿Qué pasa si la sanación no funciona?* Podríamos *pensar* que esa es la pregunta que esas palabras están formulando, y esas palabras *suenan*, claramente, como si esa fuera la pregunta que están haciendo. Literalmente, esa es, *ciertamente*, la pregunta que se está formulando, aunque en realidad no lo es.

La verdadera pregunta que se está haciendo es, de hecho: *¿Qué sucede si no ocasiono los resultados que yo, desde mi perspectiva humana limitada, pienso que debería ocasionar? ¿Qué pasa si no proporciono los resultados que ellos desean y esperan? ¿Qué sucede si sus síntomas no desaparecen mágica e instantáneamente? ¿Qué sucede si su sanación no se parece a lo que ellos piensan que quieren que se parezca, o si no se parece a lo que yo pienso que quiero que se parezca? En esencia, ¿qué pasa si la Inteligencia de este Universo tiene alguna otra cosa pensada, algo de lo que yo no fuera cognitivamente consciente cuando yo estaba ocupado «pretendiendo» mi resultado diseñado cerebralmente, «imponiendo mi resultado diseñado emocionalmente? ¿Y puedo yo, en mi sentido percibido y por derecho propio de la omnisciencia, anular eso? Afortunadamente, me doy cuenta de que nunca querría.*

Este es el tipo de personalidad/ego/pensamiento basado en el miedo que distrae nuestra atención de la idea general de la sanación, como una idea de recuperación o consecución del equilibrio y que vuelve a dirigir nuestra atención al alivio del dolor, el sufrimiento y otros síntomas. Una vez más, el ego asoma la cabeza y la *atención* a la sanación es reemplazada por la *intención* centrada en los síntomas. Al entender este concepto, nos damos cuenta de que nunca querríamos que fuese así. Eliminar síntomas no es lo mismo que restaurar la salud. Sin embargo, restaurar el equilibrio y la salud suelen incluir el alivio de los síntomas.

En la actualidad tenemos acceso a una amplia variedad de dispositivos electrónicos, terapias, intervenciones, fármacos con y sin receta, telemedicina, multitud de hierbas, raíces, infusiones, homeopatía, esencias florales y otros remedios y protocolos alternativos, y aunque normalmente los clasificamos como enfoques de sanación alternativos, y tienen muchos beneficios, si echas una mirada más detallada, probablemente reconocerás que se trata de enfoques basados en los síntomas: básicamente tratamientos y terapias que, generalmente, pasan por alto la causa del problema. Puede que no siempre pensemos en ellos como tal, pero cuando tomamos el remedio homeopático «A» para tratar un problema molesto y el remedio herbal «B» para tratar otro, cuando usamos el dispositivo electrónico «C» para tal dolor, el remedio floral «D» para ese malestar emocional (ignorando felizmente la peculiar coincidencia de que la flor original tiene, curiosamente, un nombre similar al de los síntomas debido a los cuales estás tomando ese remedio), el medicamento sin receta «E» para dormir, el «F» para los nervios y el «G» para las erupciones cutáneas, si nos fijamos en esto objetivamente, la prioridad del síntoma sobre la causa de muchos de estos modos se vuelve bastante clara.

La Sanación Reconectiva *no* se centra, principalmente, en los síntomas que se presentan. Aunque los *resultados* de recibir una ESR tienden a *incluir* el alivio de los síntomas, ese no es el objetivo principal de la Experiencia de la Sanación Reconectiva. El alivio de los síntomas es a lo que nos gusta referirnos como «por cierto». Oímos cosas como «Desde mis Experiencias de Sanación Reconectiva, me despierto más temprano y con más energía, mi trayectoria profesional se ha disparado, he encontrado el verdadero amor, mis hijos me hablan de una forma distinta que disfruto realmente y, ¡vaya!, *por cierto*, ese molesto dolor de cabeza que llevaba teniendo tres meses ha desaparecido». «*Por cierto*, ese problema cutáneo que viene de familia ha desaparecido de un día para otro y no ha vuelto». *Por cierto*, mi cadera está tan bien que ya no necesito mi silla de ruedas ni mi andador.

Tratar los síntomas puede parecer atractivo y a veces se puede pensar en ello como en ayudar a la gente en su camino a encontrarse mejor. Pese a ello, la Sanación Reconectiva es algo más. Es más relevante y en último término más importante. No es sólo un regreso a un mayor grado de completitud, integridad de ser y equilibrio a todos los niveles (la totalidad de lo que reconocemos como salud física, emocional, mental y espiritual, y hasta más): también puede impulsarte hacia un rumbo de mayor progreso en la vida. Un progreso en la vida enormemente mayor. No sólo restablecimiento, sino *evolución que descubrirás que va más allá de las palabras.*

La confusión surge cuando pensamos en el alivio de los síntomas como el *factor determinante* de una sanación exitosa: Ésta es una mentalidad limitada que no nos permite, como practicante o receptor, permanecer fácilmente libre de ataduras. En ella perdonas toda conexión con la recepción, toda comprensión de que estamos diseñados para ser receptores, diseñados para ser completos y, en lugar de ello, nos vemos impulsados hacia las restricciones propias de estar orientados por los resultados. Lo cierto es que centrarse en la sanación de los síntomas es centrarse en la punta del iceberg, y que la perspectiva limitada es precisamente lo que nos retiene. Esto nos impide *disponer* de una entrada *a* la plenitud del panorama general, *nuestro* panorama general; y en esta persecución solemos pasar por alto el conocimiento cardinal de que centrarse en los síntomas puede ser el *reforzamiento* más potente de estos síntomas. Se trata de un círculo vicioso circunvalado en la Experiencia de la Sanación Reconectiva.

## Abrir la puerta

El papel del Sanador Reconectivo es el de abrir la puerta, y el papel del receptor es el de tener la valentía de *atravesar* esa puerta. Para el sanador, sostener, con paciencia, la puerta abierta y no idear formas de arrastrar, tirar o empujar al receptor *a través* de ella, denota una comprensión e integridad que ofrecen al receptor la oportunidad y la responsabilidad de convertirse en su propio instrumento de sanación y de avanzar *en* y *como* pura conciencia. Innatamente, el auténtico sanador sabe que no está ahí para determinar lo que el receptor recibe. Este no es, sencillamente, el papel del sanador.

Sin embargo, ¿qué pasa si el receptor decide *no* atravesar esa puerta abierta? ¿Podrías asumir que la sanación no ha funcionado? En primer lugar, ¿cómo podrías saber si el receptor decidió atravesar la puerta *o* si la sanación funcionó? La única forma de que hagas una suposición *de las dos* es basarla en el resultado en el que estés centrado; y eso difícilmente es una estimación precisa. *Independientemente* de aquello con lo que regrese el receptor, *independientemente* de lo que te parezca eso a ti o incluso al receptor en esa coyuntura, *se encuentra la sanación apropia-*

*da para él.* Nunca se trata realmente de una decisión de atravesar la puerta o no, porque la elección de atravesar o no *esa* puerta *es* un camino a través de una puerta. Puede que se trate de una puerta distinta, pero pese a ello siempre consiste en atravesar una puerta, y siempre es una elección.

A partir de lo que hemos presenciado a lo largo de los años, hemos llegado a darnos cuenta de que la Sanación Reconectiva *siempre* funciona. A veces aparece en la forma que deseas, a veces en una forma que ni siquiera has soñado, en otras ocasiones a un nivel que puede haberte resultado inimaginable. A veces da la sensación de aparecer de repente, en ocasiones a lo largo del tiempo, y en raras ocasiones puede que te des cuenta de poco o nada; y luego, frecuentemente, aparece cuando menos te lo esperas. Independientemente de cómo aparezca, siempre funciona. Citando a la entidad Solomon: «Eliminando tu valoración consciente de lo que estás viendo, y permitiendo que la infinidad de ese proceso entre en tu alma, empiezas a sanar: empiezas a reconectar con esa mayor conexión, con esa infinidad de lo que somos. Y empiezas acceder a las respuestas que necesitas en este plano».

Independientemente de tu foco o resultado inicial observable, la Sanación Reconectiva tiende a empapar todas las áreas de tu vida y, como fuerza vital como tal, acelera un avance positivo incomparable en la vida.

## ¡Sí, *puedes* llegar aquí desde ahí!

...

Hola, soy Eric… Indudablemente, las frecuencias de la Sanación Reconectiva desempeñaron y siguen desempeñando un papel importante en mi evolución como sanador y como persona.

Para el doctor Eric Pearl, el quiropráctico, mi orientación fue la de «eliminar la interferencia, apartarme de en medio y permitir que el poder que hizo al cuerpo sanara al cuerpo». Pese a ello, permití periódicamente que esa consciencia prístina se enturbiara cuando me preocupaba por aliviar el sufrimiento de mis pacientes y eliminar sus síntomas. Fue necesario un recentramiento continuo por mi parte recordar que mi llamado superior era *permitir* que el receptor sanara, y no intentar forzar una sanación.

Cuando asumí, por primera vez, el papel de un practicante de la Sanación Reconectiva, la claridad con la cual esto se manifestó me integró en la consciencia sanadora e integró la consciencia de la sanación en mi interior. Los clientes acudían y lo primero que me contaban, bastante comprensiblemente, eran sus síntomas. Una vez que su primer síntoma salía por su boca, había una letanía de otros síntomas esperando entre bastidores, y cada uno de ellos debía describirse y comentarse en gran detalle. Algunos se remontaban a su primera infancia, algunos a su nacimiento y algunos los atribuían a vidas pasadas. Afrontémoslo: hemos sido criados en una sociedad orientada a los síntomas, y no es fácil cambiar esa consciencia, y ciertamente, para la mayoría, eso no se produce en un santiamén.

Y así, mi primera interacción con pacientes se convirtió, de forma natural, en una relación de educación. Un sanador, al igual que cualquier otro proveedor de cuidados sanitarios, es un *profesor*; y pronto me di cuenta de que cuando antes comprendiera esto, mejor nos iría a todos. Procedí a explicarle a mis pacientes que sus síntomas no eran sus problemas reales, sino que eran meros indicadores de un desequilibrio general: un desequilibrio que obstruía su capacidad de llevar una vida plena y gratificante. El desequilibrio era un incendio en su hogar corporal, y sus síntomas eran la alarma que el fuego estaba haciendo sonar que exigía de una atención inmediata; y tanto si nosotros o ellos sabíamos o no exactamente dónde estaba el fuego, de hecho, la inteligencia de *ELLO* (Energía, Luz e Información) lo *sabía*. Eso es de lo que, de hecho, se ocupaban las frecuencias: del fuego, y no de la alarma. Una vez que se extinguía ese fuego, la alarma que señalaba el desequilibrio ya no servía a un fin, por lo que su propensión era la de dejar de sonar.

Es exactamente así de sencillo. La *sanación* es exactamente así de sencilla, pero no siempre sirve al interés financiero de todos saber eso.

¿Captaron todos mis pacientes este conocimiento?: *No (y, bienvenidos al club: muchos facilitadores de la sanación tampoco parecen captar esto, no parecen querer captar esto o, debido a distintas razones, puede que en realidad no quieran que tú captes esto).* ¿Quedaron muchos más pacientes fijados en sus síntomas?: *Sí*. ¿No recibieron agradecidamente la mayoría de los clientes este conocimiento y dieron la bienvenida a este enfoque progresivo y más completo?: *¡Por supuesto!* Nuestra responsabilidad como sanadores es compartir información, educar e iluminar.

Pese a que no podemos ser responsables de cuánto de ese conocimiento e información es aceptado y asimilado, una vez más, estamos aquí para abrir una puerta. Es la responsabilidad de la otra persona elegir atravesar esa puerta *o no*. El simple hecho de que alguien decida *no* atravesar la puerta no reduce la responsabilidad del sanador de mantener la puerta abierta para ella. Tampoco reduce su placer de mantenerla completamente abierta para la siguiente persona, y siempre mantenerla completa y totalmente abierta. No se puede tener esa puerta *demasiado* abierta. Es sólo el ego basado en el miedo el que se siente con el derecho de intentar refrenar eso, de determinar cuánto es correcto para la otra persona. El papel del facilitador consiste en abrir la puerta y presenciar: ni más, ni menos. De verdad.

El sanador actual ha evolucionado y sigue evolucionando. Cuando se lleva a cabo una sesión de Sanación Reconectiva surge un espacio tranquilo de quietud compartido por y entre el paciente y el sanador, dando esto como resultado una experiencia fácil y unificada. Mediante la conciencia activa, el facilitador de la Sanación Reconectiva accede a y recibe *ELLO*, comparte *ELLO* con el receptor y, al hacerlo, desata la sanación. En esta libertad recién descubierta se despliega más libertad y descubrimiento: el descubrimiento de *ti*, la limpieza del camino para volverse conscientemente consciente de El Que Es, verse satisfecho.

Piensa en cuando estabas aprendiendo a conducir un coche. Tenías que concentrarte en mantener las manos sobre el volante en una posición de a las diez y a las dos o a las nueve y a las tres, en mantener una distancia con el vehículo que iba por delante según tu velocidad, en asegurarte de poder ver dos faros delanteros en tus espejos retrovisores exteriores antes de cambiar de carril, etc. Pese a ello, en un cierto momento no demasiado tiempo después, conducías, sencillamente, en «modo automático», de una forma que algunos considerarían prácticamente inconsciente, aunque en realidad *eras muy consciente y estabas muy consciente, y todo fluía, muy centrado y completamente relajado.* Ya no tenías miedo de cambiar de emisora de radio mientras conducías;

en ocasiones hasta podías echar un vistazo a tu entorno en lugar de permanecer totalmente centrado en la posición de tus manos y en tu posición en la carretera. Incluso podías asimilar los contenidos de una valla publicitaria sin miedo a descubrir, súbitamente, que eras el único coche que conducía por el carril contrario. De todos modos, *nunca envíes mensajes por tu móvil mientras estés conduciendo* (tu madre nos ha dicho que diga eso. Ella también quiere que te pongas un jersey, ya que hace un poco de frío). Sea como fuere, aprendiste a experimentar, a jugar y a hacer nuevos descubrimientos sobre lo que funciona mejor para ti. En esencia, aprendiste a conducir un coche mientras te encontrabas en un estado de *Inconsciencia Consciente*, y esto formó parte de tu evolución como conductor.

...

## *Tú* eres el escenario. *Tú* eres la atmósfera

Ahora ha llegado el momento de evolucionar como sanador. No necesitas encontrar el escenario perfecto para facilitar una sanación porque *cada* escenario *es* perfecto: *Tú* y *todos* y *todos los lugares* son perfectos. Siempre. El receptor no *necesita* estar estirado en una camilla de sanación o de masaje, aunque puede que eso sea óptimo y que claramente se recomiende para las sesiones profesionales de Sanación Reconectiva, por no mencionar que es muy preferible eso que estar despatarrado a lo ancho de la capota de un Volkswagen Escarabajo de 1969. Una luz suave y un espacio tranquilo siempre son agradables, aunque no hay unos requisitos externos, ningún escenario de prerrequisitos que tengan la capacidad de validar o invalidar, hacer triunfar o fracasar una sanación. Como tenemos la certeza de que eres muy consciente, de todos modos, la vida se da *en el momento*, y a veces te ves obligado a facilitar una sanación *en ese momento*, posiblemente en un entorno público, donde el espacio, los sonidos, la iluminación o el número de personas que hay alrededor no son algo que puedas controlar.

En esta situación aléjate, lo mejor que puedas, de las vistas y sonidos de ese escenario especialmente molesto y lleva tu conciencia a lo que estás recibiendo, sintiendo y observando. Mantén tu atención puesta sólo en la persona con la que estás trabajando. Esto te permite, como instrumento para la Inteligencia, aprender a escuchar tu propia música; y juntos os convertís en uno: tú, la persona a la que le estás facilitando una Experiencia de la Sanación Reconectiva y Dios, el Amor y la Inteligencia del Universo. Uno. Y, de repente, toda distracción desaparece, toda otredad se disuelve, tanto para ti como para la persona con la que estás interactuando. Simplemente se convierte en parte del tapiz de fondo, que además es un tapiz de fondo precioso, todo ello existente en un silencio etéreo que no es un silencio.

Vamos a ponerte un ejemplo.

Un día, yo, Jillian, estaba sentada en una peluquería esperando a que me cortaran el cabello cuando oí a una niña pequeña gritando. No se encontraba en la peluquería, sino que sus chillidos procedían de algún lugar fuera de ella, del aparcamiento. De repente, la puerta principal se abrió de golpe y entró un trío visiblemente alterado formado por una madre, una abuela y una niña de quizás unos cuatro años. La niña estaba gritando incontrolablemente y llorando de dolor. La madre y la abuela estaban intentando, frenéticamente, distraer a la niña de su tormento. De alguna forma, la puerta de su coche se había cerrado accidentalmente pillándole un dedo. Este era, claramente, un momento para estar *presente*: no era un momento para sacar una agenda, pedir prestado un lápiz y ver si podía encontrar un hueco para una sesión de sanación en algún momento, oh, um… veamos… *¿Les va bien el próximo jueves?*

Por encima del estruendo de los secadores de pelo, el fuerte olor de los tintes de cabello, el alboroto de clientas y estilistas charlando y la música de moda a todo trapo, una peluquería atareada podía no parecer el lugar ideal para una sanación. Pese a ello, al mismo tiempo, *era simplemente perfecto*. Fijé mi mirada en la niña y ella sonrió. Toda la demás gente que había en la peluquería pareció desaparecer, igual que pasó con el sonido. Contacto. Ella me devolvió la mirada. Le hice, lentamente, señas con mi dedo para que se acercara y, compasiva e intencionadamente, gesticulé con la boca: *Ven aquí*. A través de sus lágrimas e histeria observé un brevísimo momento de contemplación proyectarse en su rostro. Toda duda sobre si iba a acercarse se desvaneció. Mientras su madre y su abuela miraban maravilladas, cruzó toda la estancia para dirigirse hacia mí. Se encontraba, ciertamente, en el caos.

Le pedí que extendiera su mano mientras acercaba mis manos a cada lado de la suya. Empecé a sentir, encontrar y jugar con las frecuencias. Sus dedos empezaron de inmediato a moverse por su cuenta. En ese momento dejó de llorar y alternó entre mirar fijamente sus dedos y a mí. Estaba encantada por lo que observaba. Sonreí de nuevo y le dije: «¿Ves eso?», mientras señalaba a sus dedos, que se movían.

Anonadada, la niña susurró un amable «Sí».

En ese intercambio, ambas compartimos un momento de fascinación y descubrimiento mutuos. Digo *ambas* porque cada persona recibe las frecuencias de una forma única y apropiada para ella. Esto forma parte de lo que hace que cada Experiencia de la SR sea nueva: una nueva sanación, una nueva experiencia, un nuevo momento.

En ese instante, el tiempo se paró. La madre y la abuela se quedaron en silencio, al igual que pasó con el resto de la gente que había en la peluquería. La niña sonrió tranquila, sin emitir ni un sonido. Tras regresar al lado de su madre, siguió con su vida como si nada fuera de lo corriente hubiese pasado. ¿Yo? Esperé a que me cortaran el cabello... agradeciendo enormemente ese momento compartido.

Cuando nos encontramos distraídos mientras facilitamos una ESR, ese es un claro indicador de que hemos permitido que nuestra personalidad o nuestro ego tomen el mando, que nuestra atención pase de la persona a nosotros, que hemos hecho que todo gire a nuestro alrededor y que nos hemos posicionado como el personaje dominante o primario en importancia en la ecuación de la sanación. Frecuentemente le echamos la culpa al escenario en lugar de aceptar nuestra responsabilidad en el momento. El escenario y el momento perfectos para una sanación siempre están *aquí*, siempre son *ahora*... y siempre eres *tú*.

A veces puede que nos encontremos preguntándonos en nuestro interior: «¿Cuándo empezó esa sanación?». «¿Cuál fue el mecanismo que la facilitó?»; y si nos sentimos especialmente introspectivos en ese momento, podemos incluso preguntarnos: «¿De quién ha sido la sanación, en realidad?».

Es plausible decir que la sanación empezó en el momento en el que se desencadenó mi conciencia de la situación. Sin embargo, puedo asegurarte de que sucedió mucho antes de que alzara las manos para jugar con las frecuencias y compartiera una Experiencia de la Sanación Reconectiva con mi nueva y joven conocida en la peluquería. Verás: una parte importante del proceso de sanación fue mediado *a través de nuestros ojos.* Tus ojos saben, automáticamente, cómo acceder a la Energía, la Luz y la Información. Mis ojos y los de la niña se encontraron… y las frecuencias lo supieron y encontraron su camino hacia casa automáticamente; y nuestros ojos mantuvieron un baile recíproco de comunicación a lo largo de nuestra interacción. Pese a ello, si estás trabajando con alguien que esté tumbado boca abajo y tenga los ojos cerrados, *el baile recíproco sigue dándose.*

Lo evidente fue la sanación de la niña. Ella vio y experimentó algo nuevo que permanecerá con ella a lo largo de toda su vida. Una vez que interactúas con la Energía, la Luz y la Información de la ESR te ves cambiado para siempre. También supuso una sanación para su madre y su abuela, que observaron y experimentaron la sanación como una nueva realidad en *su* vida y en la vida de su familia. De hecho, fue una sanación para cada persona que estaba en la peluquería que decidió ser testigo de ella.

Por último y, sin embargo, fue *mi* sanación, ya que permití una nueva experiencia vital que expandió mi comprensión y capacidad como sanador, y expandió mi corazón y mi esencia como ser de amor. Llevamos cada una de nuestras sanaciones en nuestra vida, en todo lo que somos y hacemos, incluyendo cada sesión de sanación que organizamos. Llevamos cada sanación a nuestra próxima sesión. Cada sesión de sanación te permite emerger siendo una versión más plena y profunda de quién eres. Cada sanación es *nuestra* sanación.

## La sanación y el amor son lo mismo

*El sanador es una combinación de muchas cosas. Baste decir que ninguna de estas cosas es fácilmente perceptible por encima del todo. Al igual que el latido de nuestro corazón se da sin que sea necesario que se encuentre en nuestra conciencia consciente, y no requiere de pensamiento consciente ni intención.*

El sanador es una combinación de muchas cosas. Baste decir que ninguna de estas cosas es fácilmente perceptible por encima del todo. Comprender esto te permite volverte cada vez más el observador y el observado, el que ve y el que es visto, el testigo y el que es presenciado, porque eres la observación *misma*. Eres la visión *misma*. Eres la atestiguación *misma*. Nuestra existencia definitiva es la conciencia; y estamos aquí para aprender a existir más y más como conciencia. Sin embargo, buena parte del tiempo nos encontramos siendo un sujeto/objeto. Cuando nos demos cuenta de esto, hagámoslo con sólo una cantidad mínima de juicio. Sería falso decir sin *ningún* juicio, ya que hay una cierta cantidad del mismo en el mero hecho de aprender a ver y observar. Esta división sujeto/objeto nos mantiene justo por debajo de nuestro penúltimo estado: el de la propia conciencia. Permítete bailar hacia dentro y hacia fuera de esa división sujeto/objeto del observador y el observado, del que ve y el que es visto, del testigo y el que es presenciado hacia el interior de la pureza de la observación, la vista y el atestiguamiento.

La sanación no es crítica. No juzgamos las sanaciones como buenas, malas, mejores o peores según si se ha alcanzado el resultado deseado o no. Hay multitud de resultados potenciales y manifestaciones de cada sanación, y cada una lleva consigo su propia perfección. La sanación procede de que te permitas entrar en un estado de desapego cariñoso. Una vez más, aquí no eres ni el amante ni el amado: aquí existes siempre y naturalmente como *amor* en sí mismo. En ello liberas tu apego a la persona que está recibiendo la sanación además de al resultado de la sanación. Una vez que alcanzamos este conocimiento, nos encontramos en un camino desde el cual hay poca satisfacción si nos damos la vuelta. Lo que importa es que aprendemos a amar a otros, a dar, compartir, comunicarnos e interactuar con otros de una forma que les permite experimentar este amor. En último término, esto consiste en ir aprendiendo a querernos a nosotros mismos; a vernos a nosotros en los demás, a recibirnos a nosotros mismos en otros, a amarnos a nosotros en otros; y a reconocer que, en esencia, no *hay* un «otros». El verdadero amor es *ser*, en el que existimos como uno y como todos, aunque puede que no siempre seamos conscientes de ello. Y nos expresamos de muchas formas en este ser mientras seguimos creciendo y evolucionando en la «cualidad de ser» de la Energía, la Luz y la Información.

La Sanación Reconectiva y el amor son lo mismo. No hay ninguna técnica en ninguno de los dos. En una Experiencia de la Sanación Reconectiva, un minuto se convierte en una hora y una hora en un minuto; y tú estás perdido en el asombro eterno, en la danza de todo. Pese a ello, al mismo tiempo, nunca has estado menos perdido en tu vida.

Todos nosotros estamos evolucionando en nuestra capacidad de recibir, porque estamos diseñados para ser receptores. La humanidad está diseñada para recibir, y ahora podemos permitir que esas frecuencias de la Sanación Reconectiva nos sitúen en una esfera de claridad, presencia y libertad, una esfera de sanación y amor. Es ahí donde nos convertimos no sólo en una inspiración para nosotros mismos y para los demás, sino también para la Energía, la Luz y la Información, sumergidos en y aprendiendo el «lenguaje» de la Sanación Reconectiva mientras nuestra mente cognitiva pensante se aparta y revela lo que ha estado ocultando: Todos y cada uno de nosotros somos el instrumento definitivo para *El Que Es*. Tal y como hemos comentado brevemente antes, estamos aquí para aprender cómo sintonizar, crear, componer y jugar, de modo que podamos sanar de verdad. *Sanar* es aprender a *escuchar*, a experimentar el nuevo flujo de recepción otorgado a través de esta Energía, Luz e Información, y a vivir en tu verdadero mérito, libre de las imposiciones culturales y sociales llenas de miedo que aceptamos inconscientemente.

Hay un sanador en cada uno de nosotros. No es simplemente una profesión ni una práctica. Cuando nos permitimos ver esto en todos, cuando reconocemos incluso a nuestros pacientes como sanadores, nuestra naturaleza y nuestra relación con *todos* cambia y florece completamente. Todo el mundo es sanador. Todos se benefician de cada sanación. Todos. Por doquier. Siempre.

## El autorreconocimiento es el *único* reconocimiento que importa

*«Ya estás aquí. Tu percepción simplemente se está uniendo a ti.»*

JILLIAN FLEER

Pregúntate: *¿Realmente quiero continuar en un nuevo mundo de sanación siguiendo viejos protocolos y procedimientos, esos del mundo anterior a mí con su foco basado en los síntomas y el diagnóstico, una base usada para determinar el curso de un tratamiento centrado en los fármacos y la cirugía? ¿Son los protocolos, los códigos, los pactos, y las convenciones usadas por los enfoques basados en los tratamientos, realmente los protocolos óptimos que quiero usar para sanar hoy? O, más probablemente, ¿he estado en piloto automático, siguiendo ese protocolo inconscientemente, porque me educaron en una sociedad centrada en la alopatía en la que oía anuncios que me decían que si tenía congestión nasal debía tomar esta medicina, o que si tenía dolor de espalda debía tomar esa otra, mientras dichos anuncios se reproducían las veinticuatro horas del día en los ascensores de los grandes almacenes y las consultas de los dentistas, los autobuses y los aeropuertos, e incluso apareciendo en los teléfonos móviles inteligentes y los ordenadores, e interrumpiendo programas de noticias y páginas web; y pese a ello, de algún modo, simplemente no pensé en cuestionar cómo ir más allá del* statu quo, *incluso mientras progresaba hacia el mundo de la sanación?*

No reconocimos la programación automática. Pese a que hemos cambiado el nombre de lo que estamos haciendo, refiriéndonos a nosotros mismos como sanadores y pensando que eso sería suficiente para modificar nuestra consciencia y la del mundo a nuestro alrededor acerca de la sanación y de los cuidados de la salud, ¿nos hemos encontrado, inconscientemente, atrapados en un patrón de «y vuelta a empezar»? ¿Qué pasaría si fuésemos capaces de dejar los enfoques basados en los síntomas/el tratamiento/la terapia a los profesionales sanitarios cualificados cuyos campos están basados en eso y nosotros abrazamos un enfoque de sanación mejor adaptado a la *sanación*?

Uniformemente, los practicantes generales, además de los especialistas y otros profesionales, en el campo de la atención sanitaria dominante e incluso en la alternativa/complementaria/integradora, han sido formados en sus campos particulares de las artes de la sanación y han sido certificados con grados y/o títulos duramente ganados. No minimizamos lo duro que es resistir los rigores de estos procesos educativos ni lo importantes, vitales y gratificantes que pueden ser estas trayectorias profesionales; y estamos seguros de que estos practicantes saben apreciar el entrar en un campo en el que el trabajo de los primeros pioneros ya ha abierto un camino para ellos.

Sin embargo, ser un sanador puede ser algo bastante distinto. Debes encontrar tu *propio* reconocimiento y debes *convertirte* en tu propio reconocimiento: un reconocimiento *autorreferencial*. Un reconocimiento que procede del interior. Lo interno que es eterno. Y te encontrarás con que es el *único* reconocimiento que importa *de verdad*. Hay pocas cosas más satisfactorias en la vida.

De vez en cuando puede que surjan personas u organizaciones que intenten formar entidades que quieren posicionarse como poseedoras de la autoridad para autorizarte o regularte como sanador, dignándose a garantizar o denegarte el reconocimiento si sigues o no sigues sus normas y/o metodologías. Puede que incluso consigan la autoridad legal para hacerlo, y si consiguen esa autoridad legal, puede resultar inteligente o necesario trabajar dentro de su marco prescrito. Esto supondrá una llamada a la reflexión por tu parte. Estas organizaciones tienen tendencia a ir y venir. Su autoridad existe en lo exterior. Es superficie, algo transitorio, temporal, que sólo existe a sus ojos y a los ojos de aquéllos que puede que no sean capaces de ver más allá de eso, y a los ojos de los poderes que les colocaron en ese puesto. En último término, los consejos y las organizaciones no pueden calificarte, descalificarte, validarte, invalidarte e incluso verificarte como sanador al más alto nivel. Lo máximo que pueden hacer es reconocer que ya eres un sanador o no lograr reconocer eso. En definitiva, el único reconocimiento de verdadera importancia procede de *tu* interior, de dentro de ti, de tu entramado de sapiencia. Hay autoridades y autoridades, y además hay una Autoridad Superior. Conoce la diferencia.

Para encarnar de verdad el concepto del **Yo Soy... El Sanador**, especialmente como profesional, debes aceptarte como eres y revelarte *a ti mismo* además de a los demás, no quedarte detrás de una fachada, envuelto en la idea de otra persona de una presentación, unos procedimientos de la práctica, una ética y una moral adecuados. Tal y como dice Solomon, *tienes que desvelar tu alma*, y nadie puede hacer eso por ti. Nadie puede dictarte ni decirte cómo hacer eso. Es un descubrimiento que sólo puede hacerse *para* ti y *por* ti. Aparece no en la voz del deseo o el derecho, ni en la injusticia de la hegemonía o la subyugación, sino en la «*cualidad de SER*» del *YO SOY*.

*Aquí tenemos una rápida revisión de los puntos de los que hemos hablado en este capítulo. Léelos cuidadosamente y permite que se asimilen.*

Hemos aprendido a movernos más allá del yo y hacia el Yo Soy. Hemos descubierto que ser el sanador es su propia recompensa singular. Hemos visto que el papel del sanador requiere de una consciencia elevada y una conciencia expandida, y hemos explorado la compasión no crítica, la presencia y la inmersión en la atemporalidad. Incluso nos hemos fijado en profundidad en la cuestión de la responsabilidad de un sanador. Hemos conseguido el reconocimiento de que somos el instrumento definitivo de sanación a través del don de recibir la Experiencia de la Sanación Reconectiva. Y somos observación, somos atestiguamiento, somos libertad, conciencia y amor. Hemos aprendido a vernos como un agente catalizador inspirador en un triunvirato dinámico, y que uno de los mayores regalos que podemos hacernos es la voluntad de atestiguar la pureza de la inocencia.

Hemos hablado de la elegante simplicidad del sanador libre de técnicas y que incluya la revelación de tu ser interior, la armonía *de* tu presencia *en* tu presencia; de que lo único que nos mantiene apartados de la encarnación elegante del sanador es el miedo. Hemos destacado la vulnerabilidad, un estado natural del amor, como lo que permite el desvelamiento de nuestra alma al alma de otra persona. Hemos explorado cómo eliminar los síntomas no es lo mismo que restaurar la salud; que, sin embargo, restaurar el equilibrio y la salud probablemente incluye el alivio de los síntomas: que el papel del sanador es abrir la puerta, mientras que el papel del receptor es tener la valentía de *atravesar* esa puerta. Hemos obtenido una gran satisfacción al aprender que la Sanación Reconectiva siempre funciona, y a veces llega en la forma que pensabas que deseabas, otras veces de una forma que no habías soñado y en otras ocasiones se da a niveles previamente inimaginables para ti.

Hemos encontrado una mayor facilidad de acceso al darnos cuenta de que tú eres el escenario, tú eres la atmósfera; no hay requisitos externos, no hay escenarios de prerrequisitos ni recursos externos que tengan la capacidad de validar o invalidar, llevar al éxito o al fracaso una sanación, o para el caso, validar, invalidar o llevarte al éxito o al fracaso como facilitador de la sanación. Hemos aprendido que no podemos valorar las sanaciones por el resultado que nosotros u otros se permitan admitir; y que estamos diseñados para ser receptores. Hemos admitido que el autorreconocimiento es el único reconocimiento que importa, y que ser un sanador es, ciertamente, muy humano.

### Ejercicio 7:
### *Traer las frecuencias a tu vida diaria*

Ahora que las frecuencias de la Energía, la Luz y la Información de la Sanación Reconectiva, más familiarmente conocidas ahora para ti como *ELLO,* están circulando vigorosamente a través de ti, ha llegado el momento de que abordemos el traerlas a tu vida cotidiana. La conciencia es, por supuesto, tanto inherente como fundamental: conciencia cuando estás de pie, conciencia cuando te sientas, conciencia a medida que te mueves, conciencia cuando simplemente estás caminando, pero también conciencia mientras *eres.* La conciencia no está limitada a nuestra conciencia consciente. La conciencia no está limitada en absoluto; y si la conciencia *no está* limitada a algo de lo que debamos ser conscientes, pasando, por tanto, por alto el hecho de que la conciencia es lo que somos, conscientes o no, ¿cómo la traemos a nuestra vida cotidiana? Piensa en ello. ¿Podemos traer algo a nuestra vida cotidiana *si ya está ahí*? Esta pregunta genera toda una controversia teórica sobre cómo podemos traer algo a nuestra vida cotidiana si no somos conscientemente conscientes de ello en primer lugar. Puede que no se trate tanto de traer algo a nuestra vida cotidiana como de llevar nuestra atención consciente *a* ese algo. Y eso asumiendo que ese *algo* sea alguna cosa. ¿Qué sucede si la cosa que estamos llevando a nuestra percepción es la *propia* conciencia? ¿Es el hecho de ser *él mismo*? Y, por lo tanto, es «*ninguna cosa*». En absoluto.

A veces, al caminar, llevamos toda nuestra conciencia a las frecuencias en nuestras manos y, al hacerlo, permitimos, ligerísimamente, que las frecuencias las muevan. En otras ocasiones nos gusta llevar la conciencia consciente a la cabeza. Es nuestro pequeño juego de conciencia de nuestro secreto interior (por supuesto, ahora que está en este libro ya no es un secreto). En esta consciencia consciente, nos encontramos con que caminamos y nos movemos de forma distinta, que nuestro centro de gravedad se reajusta. Nos sentamos y estamos de pie de forma distinta, con una facilidad, equilibrio y fluidez potenciados. En ocasiones, al sentarnos, quizás en un coche o en nuestro propio espacio de trabajo, percibimos que nuestra conciencia cognitiva alcanza las frecuencias y observamos mientras juegan, vibran y se desplazan de un lado a otro. Sentimos estas frecuencias en nuestro oído interno y alrededor de nuestros ojos. A veces cerramos los ojos y vemos cómo un movimiento suave e involuntario hace su entrada triunfal; y al cabo de un minuto, más o menos, al abrir los ojos percibimos el brillo y la claridad del color y la visión. Una experiencia increíble.

Pero finalmente, nuestra atención flota en algún otro lugar. Por lo tanto, ¿ha desaparecido la Luz, Energía e Información? ¿Se ha apagado? ¿Se ha ido a algún sitio? ¿A *otro* lugar? ¿Hay siquiera un «dónde» al que pueda ir? ¿O es el *ES* que es la Energía, Luz e Información (la propia existencia, el siempre presente *Antes-Más Allá*) siempre presente porque *es* presencia? Y, por lo tanto, ¿es sólo nuestra atención consciente a la que permitimos enfocarse y desenfocarse? ¿Sólo el permitir que nuestra atención consciente se enfoque y desenfoque? Puede que sea el momento de desprendernos de la pregunta de «cómo» y, en lugar de ello, observar el «qué», de modo que podamos reconocer el «es». *Nuestro ES.*

Este ejercicio consiste en nuestro ser, nuestra presencia, nuestra conciencia y, por lo tanto, *no requiere de un foco intencionado,* de ninguna intención *en absoluto.* Y al no tener ninguna intención, no tenemos miedo. Ningún miedo a hacerlo bien o mal, a obtener los resultados deseados o no. Ningún miedo a la pérdida. Ningún miedo a la escasez. Ningún miedo a la limitación. Ningún miedo a la no existencia. Ningún miedo a estas u otras ilusiones. Ningún miedo. Ninguno. La personalidad, el ego, el yo, incluso la percepción, se desvanecen. Pese a ello, el *Yo Soy* (El Que Es) ES. Estaba ahí antes. Está ahí durante. Está ahí después. La percepción, al igual que todo, viene y va. El reconocimiento de ella viene y va. La comprensión consciente de ella viene y va.

Por lo tanto, con lo anteriormente dicho en mente, date un paseo, conduce, haz una exploración de tu vida, de tu vida cotidiana, y descubre tu sapiencia siempre presente de ella, en el interior de ella y cómo ES. El Que Es. Es *tu* excursión durante tanto tiempo como quieras. Disfrútala. Experiméntala. ¡Conviértete en la experiencia de ELLO! Si alguien te habla, siéntete con la libertad de responderle o tener una conversación con él o no. Es decisión tuya. Si tu teléfono suena, siéntete con la libertad de contestar *si lo deseas*. Si tu atención divaga en tu paseo y queda ensimismada por la belleza del paisaje o por una fragancia en el aire, permite que se distraiga. Si, de repente, recuerdas que tu atención estaba puesta en las vibraciones o en la sensación que estabas percibiendo, y súbitamente no se encuentra en tu conciencia cognitiva de ello, perfecto. Permítete flotar *en* y *como* la conciencia de que eres y observa cómo tu conciencia cognitiva de esas sensaciones viene, va y regresa. Es sólo tu percepción de ellas.

La Energía, Luz e Información, al igual que tú, *ES*. Tú eres El Que Es. Es sólo una ilusión de que la Energía, Luz e Información, Dios, el Amor y la Inteligencia del Universo, el Ser (el nombre que sea con el que decidas llamarlo) y tú sois *finitos*. Este ejercicio revela la ilusión y la desvanece.

1. ¿Qué he aprendido de este capítulo?
2. ¿Qué he descubierto con este ejercicio?
3. ¿Qué ideas son nuevas para mí?
4. ¿Qué ideas son distintas de lo que podría haber pensado?
5. ¿Qué ideas estoy considerando o contemplando ahora?
6. ¿Qué ideas son las que me resultan más naturales?
7. ¿Con qué ideas o conceptos tengo más dificultad o encuentro más difícil aceptar?
8. ¿Con qué ideas o conceptos tengo más dificultad o encuentro más difícil comprender?
9. ¿De cuáles de mis anteriores convicciones e ideas encuentro más difícil desprenderme y dejar ir?

10. ¿Qué ideas y conceptos encuentro más liberadores y empoderadores?
11. ¿Qué me ha permitido descubrir y en qué me ha permitido convertirme mi voluntad de no saber?
12. ¿Qué me permitirá mi voluntad actual de no conocer descubrir en el futuro y en qué me permitirá convertirme?

*Responde a las preguntas anteriores con tus pensamientos, posibles respuestas, explicaciones, ideas, etc., lo mejor que puedas.*

*Si no sabes cómo responder a algunas de las preguntas anteriores o simplemente no dispones de las palabras, hemos diseñado un modelo de «rellenar los espacios en blanco» a continuación para que te ayude.*

1. No estoy seguro de saberlo, pero si lo supiese, la respuesta podría ser _____.
2. No acabo de encontrar las palabras para explicar esto, pero si las encontrase, podrían ser _____.
3. No acabo de encontrar las palabras para describir esto, pero si las encontrase, podrían ser _____.

Hay muchas cosas que aceptamos como que se dan por hecho porque nuestros ojos las ven así, y esta es la base de la mayor parte de la ciencia en la actualidad, y es muy lógico. Vemos la distancia y, por lo tanto, la aceptamos como algo que se da por hecho. Vemos relojes y calendarios y aceptamos el tiempo como algo que se da por hecho. Tiempo, espacio, distancia. Vemos el ahora y el entonces, a ti y a mí, el aquí y el allá; y para que nuestras perspectivas lineales les encuentren sentido a las cosas, desarrollamos nuestras teorías a su alrededor de forma incuestionable.

Es una base no científica para lo que aceptamos como ciencia. ¿Cómo respaldamos la ilusión de una separación mientras nuestras palabras apoyan la unidad, que todo y todos sean uno?

El Campo, por supuesto. El Campo del Punto Cero. Esto permite que nuestras percepciones del tiempo y el espacio permanezcan intactas sin que sea necesario que las reconozcamos como ilusiones de la perspectiva si muestran que son eso. Enviar. Transmitir. A través de un medio o campo. Todo parece tener perfecto sentido. Como las olas en el agua. Como las nubes desplazándose por el cielo. Todo ello es obvio y aceptado desde el momento en el que nacimos y abrimos los ojos. ¿Cómo podría pensar alguien en cuestionar lo que vemos y sentimos, aquéllo alrededor de lo cual hemos construido nuestras sociedades, comercio, agricultura? ¿A qué hora me paso para la cena?

¿Pero qué sucede si la Reconexión no consiste en conectar «de nuevo»? ¿Qué pasa si no pudiera consistir en conectar de nuevo? ¿Qué sucede si no es posible conectar de nuevo porque siempre hemos estado conectados, porque siempre hemos sido uno? ¿Qué sucede si no consiste en avanzar, en ir más allá? ¿Qué pasa si consiste en *regresar*, en regresar a antes del más allá? ¿Qué pasa si *esa* es nuestra sanación? ¿Qué sucede si la sanación consiste en el reconocimiento de lo que ES, de lo que *siempre* ha sido y *siempre* ES? ¿No de lo que fue, sino de lo que ES? ¿Lo infinito? ¿Qué pasa si descubrir esa luz de nuestro interior, esa sapiencia, el regreso al Antes-Más Allá, no es sólo una oportunidad para nosotros, sino un propósito, una misión, una responsabilidad que se nos está ofreciendo con una integridad responsable: la oportunidad de llevar el don de reconocer quiénes somos a TODO SER HUMANO SINTIENTE EN ESTE PLANETA? ¿Qué sucede si el siguiente nivel de evolución humana depende de *ti*? ¿Qué para si el Universo *te* está mirando?

Las respuestas pueden encontrarse en el reconocimiento de que eres esencial para un proceso que está aquí, en el ámbito infinito de la presencia constante.

## Sugerencias finales

1. Revisa la sección *ANTES DE QUE SIGAS LEYENDO*, antes del capítulo 1.
2. Vuelve a leer tus respuestas originales a las preguntas que se hacían al final de cada capítulo, en las que se te solicitaba que anotaras *todo lo que sientes, crees o sabes sobre la sanación*. ¿Representan quién eres hoy? Modifícalas de acuerdo con tu conocimiento actual. Re-

cuerda no borrar nada que escribas ni dejarlo de forma que sea ilegible.

3. Repite los pasos uno y dos anteriores dentro de tres meses, seis meses, nueve meses, doce meses y de nuevo cada año posterior durante los últimos cinco años *o más si quieres ver un cuadro más completo de tu crecimiento en desarrollo*. Actualiza tus respuestas a medida que avances, ya que ellas, al igual que tú, probablemente evolucionarán a lo largo del tiempo. Y asegúrate de *poner la fecha a cada una de tus actualizaciones*, de modo que puedas revisar tu progreso cuando reexamines tus notas más adelante. Algunos de vosotros puede que os encontréis con que un momento anual realmente bueno para hacer esto es el día de Año Nuevo, el día de vuestro cumpleaños o cualquier otra fecha importante en vuestra vida. *Recuerda: no borres, elimines ni taches o hagas ilegibles tus notas originales. Encontrarás placer y valor mientras vuelves a revisarlas en el futuro.* Probablemente encontrarás no sólo valioso, sino también interesante y muy revelador atestiguar tu propia evolución en tu proceso.

4. Abre tu calendario y marca las fechas en las que planeas revisar tus respuestas para que respalden y tracen tu transformación continua y en desarrollo. Escribe una nota en cada una de estas fechas para revisar tus pensamientos. Naturalmente, puedes decidir revisarlas a intervalos anteriores o siempre que te apetezca.

Además de marcar esas fechas en tu calendario, te recomendamos que también registres estas fechas a continuación en este libro, como recordatorio, cuando vuelvas a tomar este texto.

Te animamos, con cada relectura de este libro y con cada revisión de tus notas, a que *rememores tu vida* y anotes lo que ha cambiado para ti. ¿Qué ha cambiado en tu relación principal, la familiar y otras relaciones, además de en tu trayectoria profesional, tu prosperidad económica y abundancia, tu camino en la vida, etc.? Si todavía no has reconocido la diferencia entre esos cambios y lo que has recibido y experimentado con la lectura de este libro, hay muchas posibilidades de que pronto lo hagas.

3 meses _____

6 meses _____

9 meses _____

12 meses _____

14 meses _____

36 meses _____

48 meses _____

60 meses _____

# LEE ESTE LIBRO...
# POR LO MENOS TRES VECES

No habrás leído realmente *El camino directo hacia la sanación* hasta que lo hayas leído tres veces. Como ya has descubierto, está escrito a un número infinito de niveles y hay más cosas a desvelar en cada lectura. Hay más conocimientos (*Energía, Luz e Información*) esperándote. Así pues, *vuelve a leerte este libro*. Luego *vuelve a leértelo una vez más*. Luego vuelve a leértelo *otra vez más*. *Escribe* en él. *Subráyalo. Revísalo.* Hay más, *mucho* más.

## ¡Comparte este libro!

Si ya has leído *La reconexión: Sana a otros; sánate a ti mismo*, te sentirás obligado a compartir *El camino directo hacia la sanación*. Para cualquiera que esté metido en el campo de la consciencia, la iluminación y la evolución, para cualquiera que tenga familia o amigos, para todos los que simplemente *amen*. *El camino directo hacia la sanación* es uno de los mayores y más apreciados regalos del dar o recibir. Un regalo de presencia, un regalo de recepción, un regalo de lo infinito. Así pues, ya decidas compartir tu ejemplar de *El camino directo hacia la sanación* o darle a alguien su propio ejemplar... *lo que estás haciendo es reconectar «hebras». Lo que estás haciendo es reconectar «cuerdas». Lo que estás haciendo es llevar «Luz e Información» al planeta.*

# ÍNDICE

¿Por qué hay eminentes doctores, físicos cuánticos e investigadores de todo el mundo interesados en el aparentemente casual encuentro que tuvo el doctor Eric Pearl con uno de sus pacientes? ¿Qué ocurrió en ese encuentro que no sólo aceleró radicalmente la trayectoria de su vida, sino que influyó en última instancia en las vidas de millones de personas… y que también influirá en la tuya profundamente? ¿Qué es ese fenómeno?

En su best seller internacional, La Reconexión: sana a otros; sánate a ti mismo, el doctor Pearl mostró a los lectores cómo acceder e introducirse en un amplio espectro de energía, luz e información previamente inaccesible para todos, en cualquier lugar. Desde entonces, el mundo ha clamado por el segundo libro de Eric. ¿Su respuesta? Publicaré otro libro cuando tenga algo más que decir.

Ahora el doctor Pearl, en colaboración con Frederick Ponzlov, tiene algo más que decir.

DR. ERIC PEARL

LA
RECONEXIÓN

19.ª
EDICIÓN

Sana a otros;
sánate a ti mismo

Traducido a 33 idiomas

EDICIONES OBELISCO

¿Por qué todos los médicos y los investigadores más prominentes de la actualidad están interesados en las extraordinarias curaciones realizadas por el Dr. Pearl? ¿Cómo interpretar el testimonio de miles de pacientes curados milagrosamente de sus cánceres, de enfermedades vinculadas al SIDA, deformaciones congénitas, degeneraciones cerebrales, nervios, angustias, y todo tipo de dolores crónicos? ¿En qué consiste el fenómeno de la Reconexión™?

Las nuevas frecuencias de energías terapéuticas descritas por Pearl transcienden cualquier técnica o método conocido hasta ahora. Este libro te llevará a conocer cómo el mismo Dr. Pearl tuvo una próspera consulta de quiropráctica durante doce años, hasta que un día de 1993 descubrió de forma definitiva su don para curar y para potenciar la energía curativa de los demás. La Reconexión™ es el camino para reconectarte con tu frecuencia vibratoria autosanadora, con tu inteligencia superior. Desde 1993 hasta hoy los resultados obtenidos por el Dr. Pearl y sus colegas Reconectadores presentes en todo el mundo han sido sorprendentes… ¡descúbrelos en este apasionante libro!